Michael Harles

Männer,
die grillen,
sind einfach
heiß!

Illustrationen
von Thomas Röhner

COPPENRATH

ISBN 978-3-649-62105-8

© 2015 Coppenrath Verlag GmbH & Co. KG

Hafenweg 30, 48155 Münster, Germany

Grafische Gestaltung: Albert Bartel, echtwert.de/sign

Redaktion: Katrin Gebhardt

Printed in Slovakia

www.coppenrath.de

INHALT

Grillen ist Geselligkeit und gute Laune

Wer an warmen Sommerabenden durch Wohngebiete und Parks streift, dem weht meist würziger Grillduft um die Nase. So um die 80 Millionen mal pro Jahr wird allein in Deutschland der Grill angefacht. Und dabei ist Mann selten allein – gegrillt wird so gut wie immer in Gesellschaft. Denn beim Grillen geht es nicht nur darum, Nahrung zuzubereiten und zu verzehren. Genauso wichtig ist es, mit Familie oder Freunden zu feiern, zu erzählen und zu lachen. Grillabende dauern oft bis tief in die Nacht, und die Wärme der Glut macht dies besonders angenehm. So wie einst in der Prärie des Wilden Westens oder der Karawanserei des Orients versammeln sich alle gern um das gemütliche Feuer.

Grillen ist im Kommen

Der Trend lässt sich in Euro und Cent belegen. 2013 haben die Grillhersteller in Deutschland weit über eine Milliarde Euro umgesetzt, viermal so viel wie im Jahr 2000. Für einen Grill geben die Grillfreaks durchschnittlich rund 1000 Euro aus. Da geht also mittlerweile viel Geld in Rauch auf. Vorbei sind die Zeiten des Leichtbaugrills aus dem Supermarkt oder von der Tankstelle. Grills sehen heute futuristisch aus wie Satelliten-Sonden, schnittig wie Sportwagen, kompakt wie Sauriereier oder wuchtig wie Dampflokomotiven. Gewöhnliche Holz-kohlegrills gibt es zwar noch, aber sie spielen nur die zweite Geige. Der Grill ist das neue Statussymbol des Mannes. Es ist ein Projekt, das moderne Technologie und steinzeitliche Ver-haltensmuster wunderbar miteinander in Einklang bringt.

Grillen ist gesund

Grillen ist eine der kalorien- und fettärmsten Garmethoden. Das ist auch ein Grund, warum es immer beliebter wird. Gegrilltes ist aufgrund der freigesetzten Röstaromen zudem schmackhaft und gut verträglich. Die Angst vor krebserregenden Stoffen ist so gut wie unbegründet, wenn sachgerecht gegrillt wird. Man muss nur dafür sorgen, dass kein Fett vom Grillgut in die Glut tropft. Dann gibt es auch keine gefährliche Rauchentwicklung.

Grillen kann man zu jeder Jahreszeit

Grillen ist nicht nur etwas für die Sommermonate. Mit Gas- und Elektrogrills lässt sich locker das ganze Jahr über grillen – sogar in der Wohnung. Spezialgrills überstehen auch den Winter im Freien. Und was lässt sich im Herbst und Winter nicht alles auf den Rost legen: leckeres Wild, Weihnachtsklassiker wie Karpfen, Gans, Kastanien, Bratäpfel und und und…

Männer, die grillen, sind einfach heiß

Die freie Natur, ein kühles Getränk in Reichweite, ein saftiges Steak auf dem Rost und eine gut gelaunte, hungrige Meute um sich herum – so hat es der Grillmeister am liebsten. Und was schon in der Steinzeit galt, hat sich bis heute kaum verändert: Die Mehrzahl der Männer gibt nur ungern die Grillzange aus der Hand. Und das mit Recht! Selbst wenn Frauen mehr Kochverständnis mitbringen, experimentierfreudiger sind und die Speisekarte um viel Schnickschnack bereichern – was beim Grillen zählt, ist die unkomplizierte Zubereitung und der einfache, urtümliche Genuss. Männer konzentrieren sich auf das Wesentliche. Darauf kommt es an.

Ist Grillen

MÄNNER

SACHE?

Glaubt man der Statistik, dann stimmt es: Grillen ist Männersache. 80 % der Deutschen – vor allem Männer – sagen von sich selbst, dass sie gerne grillen. 13 % tolerieren überhaupt niemanden neben sich am Grill. Das ergab eine Umfrage unter etwa 1600 Grillern. Zwei Drittel der befragten Frauen meinen, dass sie überhaupt kein Interesse an dem Job des Grillmeisters haben und sich lieber um die Zubereitung der Beilagen kümmern.

Grillen ist für Männer gleichsam ein Leben im Paradies. Niemand quatscht ihnen rein, sie können in aller Ruhe mal ein Bier trinken, sie sind die Herren über das Feuer, Beherrscher der Technik und Meister der Grillkunst. Außerdem darf man beim Grillen so viel essen, wie man will – zwei Steaks, drei Steaks, noch ein paar Würstchen und dies und das. Alles ohne schief angesehen oder mit sanft mahnendem Blick an die Figur erinnert zu werden. Die darf dem Anlass entsprechend gern in bequeme Freizeitkleidung gehüllt sein.

Endlich mal nur sein dürfen. Etikette und Tischmanieren gelten nicht beim Grillen und niemanden stört es. Da wird die Wurst mit den Händen gepackt und herzhaft reingebissen, sodass das Fett nur so spritzt und der Fleischsaft vom Kinn tropft. Hier sind der männlichen Fleischeslust keine Grenzen gesetzt. Stimmt's?

(Na ja, schön wär's! Wie viele andere vorwiegend männliche Domänen unterliegt auch die Grillkultur einem zunehmenden Zivilisationsprozess. Und das liegt nicht zuletzt an den Frauen, die bei der Auswahl des Grillgutes mitbestimmen und auch am Feuer öfter selbst das Zepter in die Hand nehmen.)

Grillen ist Männersache!

Die Grillsaison beginnt und vorher sollten wir uns ein paar Regeln in Erinnerung rufen, die beim Kochen über dem offenen Feuer Anwendung finden, weil damit ja immer eine gewisse Gefahr verbunden ist. Wenn ein Mann sich dazu bereit erklärt, das Grillen zu übernehmen, wird die folgende Kette von Ereignissen in Bewegung gesetzt:

1) Die Frau kauft das Essen.
2) Die Frau macht den Salat, bereitet das Gemüse und den Nachtisch.
3) Die Frau bereitet das Fleisch fürs Grillen vor, legt es auf ein Tablett, zusammen mit allen notwendigen Utensilien, und trägt es nach draußen, wo der Mann schon mit einem Bier in der Hand vor dem Grill sitzt.

Und hier kommt der ganz wichtige Punkt des Ablaufs!!!

4) Der Mann legt das Fleisch auf den Grill.

5) Danach wieder Routine. Die Frau bringt die Teller und das Besteck nach draußen.
6) Die Frau informiert den Mann, dass das Fleisch gerade anbrennt.
7) Er dankt ihr für diese wichtige Information und bestellt gleich noch einmal ein Bier bei ihr, während er sich um die Notlage kümmert.

Und dann wieder ein ganz wichtiger Punkt!!!!!

8) Der Mann nimmt das Fleisch vom Grill und gibt es der Frau.

9) Danach wieder Routine. Die Frau arrangiert die Teller, den Salat, das Brot, das Besteck, die Servietten und Saucen und bringt alles zum Tisch raus.

10) Nach dem Essen räumt die Frau den Tisch ab, wäscht das Geschirr.

Und wieder ganz wichtig!!!!!

11) Alle loben den Mann für seine Kochkünste und danken ihm für das tolle Essen.

12) Der Mann fragt die Frau, wie es ihr gefallen hat, mal nicht kochen zu müssen, und als er dann sieht, dass sie leicht eingeschnappt ist, kommt er zu dem Schluss, dass man es den Weibern sowieso nie recht machen kann.

Verfasser unbekannt

Eine kurze Kulturgeschichte des

FEUERS

Ob der Mensch wirklich die Krone der Schöpfung ist, daran bestehen ja berechtigte Zweifel. Schließlich stimmen rund 98 % der DNA von Menschen und Schimpansen überein. In einem Punkt aber unterscheidet sich der Mensch tatsächlich von allen Affen und sonstigen Lebewesen dieses Planeten: Er ist der Herr über das Feuer. Vor rund 700.000 Jahren (oder sogar früher, da streiten sich die Wissenschaftler) gelang es dem Vorfahren des Homo sapiens, das Feuer zu zähmen. Und seither wurde das Essen über der Hitze des Feuers und der Glut zubereitet. Das bedeutete nicht nur einen fundamentalen Vorteil den konkurrierenden Fressfeinden gegenüber, es hatte noch andere weitreichende Folgen für die Evolution des Menschen und seine Ausbreitung auf diesem Planeten.

Die Praxis, Fleisch und andere Speisen so zu garen, dass sie leichter gegessen und verdaut werden konnten, führte dazu, dass sich das Gebiss der Hominiden im Lauf der Zeit zurückbildete, schließlich brauchten sie keine Raubtierzähne mehr, um rohes Fleisch zu reißen und zu kauen. Und mit der Verkleinerung der Kauwerkzeuge wurde Platz im Kopf geschaffen, sodass sich das Gehirn vergrößern und der Lautapparat ausbilden konnte – dadurch vergrößerte sich das Denkvermögen und entwickelte sich eine differenzierte Sprache.

Für die soziale und kulturelle Entwicklung des Menschen spielte das Kochen mit Feuer also eine große Rolle: der „Homo grillensis" trat seinen Siegeszug rund um den Globus an. Und im Laufe der Zeit haben sich die Zubereitungsmethoden des Garens über Feuer und Glut immer weiter differenziert und verfeinert.

Gebratenes Fleisch war gutes Fleisch: Die Hitze tötete Keime ab und das Fleisch wurde haltbarer. Außerdem erweiterte sich die Speisekarte, denn im Rohzustand ungenießbare Blätter und Hülsenfrüchte wurden gegart plötzlich zu gesunden Leckerbissen. Ein weiterer Vorteil der Nahrungszubereitung über dem Feuer war die Zeitersparnis. Der Mensch war fortan nicht mehr ausschließlich mit der Nahrungsaufnahme beschäftigt und konnte sich anderen Dingen widmen, was die geistige Entwicklung förderte. Und das Licht des abendlichen Feuers verlängerte den Tag. Dieser Umstand wird bei der Entwicklung von Sprache eine wichtige Rolle gespielt haben, denn dadurch wurde die nicht primär überlebenswichtige Kommunikation gefördert.

Vor rund 32.000 Jahren gab es das erste „Feuerzeug", wie ein Fund aus Baden-Württemberg belegt: die älteste Pyritknolle als Teil eines steinzeitlichen Feuerbestecks. Schlägt man damit auf einen Feuerstein, kann man einen Zunderschwamm zum Glimmen bringen.
Die Bedeutung des Feuers für die Entwicklung der Menschheit spiegelt sich in zahlreichen Mythen wider. Im antiken Griechen-

land war es der Gott Prometheus, der den Menschen das Feuer brachte. Die Strafe dafür: Zeus befahl, Prometheus an einen Felsen zu fesseln. Aber damit nicht genug: Ein Adler hackte ihm jeden Tag die Leber aus, auch wenn diese nachts wieder nachwuchs. Eigentlich sollte Prometheus bis in alle Ewigkeit so angekettet bleiben, doch zum Glück rettete ihn nach 30 Jahren der Held und Halbgott Herakles.

Die Römer verehrten Vesta, die Göttin und Hüterin des Herdfeuers, mit einem eigenen Frauenkult und den schönen jungfräulichen Vestalinnen, die dafür zu sorgen hatten, dass das Feuer nie ausging. Im Juden- und Christentum sind Rauch und Feuer Zeichen von Gotteserscheinungen, wie in der Erzählung vom brennenden Dornbusch, in den Feuerzungen des Heiligen Geistes oder dem Osterfeuer.

Von den ersten Hochkulturen gibt es archäologische und aus der Antike auch schriftliche Zeugnisse davon, wie sich die Kunst des Grillens weiterentwickelt hat. In Ägypten wurde das Fleisch der Nilkrokodile gegrillt. In Homers „Ilias" heißt es:

„Du weißt, dass er seinen Helden bei ihren Mahlzeiten im Kriege keine Fische vorsetzt, obwohl sie am Hellespont lagern. Auch kein gekochtes Fleisch, sondern bloß am Spieß gebratenes, was für Soldaten am leichtesten zu bereiten ist. Es ist ja überall bequemer, gewissermaßen das Feuer selbst zu benutzen, als Geschirr mit sich herumzutragen."

Der römische Dichter Vergil schreibt in seiner „Aeneis" vom Brauch, Fleisch zu grillen. Und wie deftig im Mittelalter bei Hofe Fleisch gegrillt wurde, das kann man heute noch in historischen Wirtshäusern nacherleben.

Die „Chaîne des Rôtisseurs"

Die Zunft
der Spießbrater

Wenn dieses Schild am Eingang eines Restaurants hängt, dann kann man sicher sein, dass in dieser Küche höchsten Wert auf kulinarische Qualität gelegt wird. Denn das Haus ist Mitglied einer weltweiten gastronomischen Gesellschaft, die sich die „Haute Cuisine", die gehobene Küche, und verfeinerte Tischsitten auf das Schild geschrieben hat. Sie stammt aus Frankreich, ihre Wurzeln reichen weit zurück und ihre Ahnväter gehörten zu den besten Grillmeistern des Mittelalters.

Raffinierte Zubereitung der Nahrung über dem Feuer galt besonders im Land der verfeinerten Genüsse immer schon als große Kunst. Aufgrund dieser herausgehobenen Stellung verlieh König Ludwig IX. von Frankreich im Jahr 1248 den Spießbratern von Paris das Recht, sich zu einer Bruderschaft zusammenzuschließen. So entstand die „Confrérie des Rôtisseurs". Und weil Fleisch damals auch bei Hofe zu den wertvollen Luxusdelikatessen zählte, mussten alle Mitglieder die Kunst beherrschen, im Wechsel der Hitze bestes Fleisch in höchster Vollendung „à point" auf den Tisch zu bringen.

Als Spießbraten wird generell ein Braten bezeichnet, der an einem Bratspieß über offenem Feuer zubereitet wird. Eine archaische Zubereitungsmethode – Bratspieße wurden bereits in prähistorischen Gräbern gefunden. Aus der Antike sind Rezepte für Fleisch am Spieß überliefert, auch die ältesten erhaltenen Kochbücher in deutscher Sprache enthalten entsprechende Rezepte.

In der gehobenen Küche des Adels und der Oberschichten spielte Spießbraten bis zum 19. Jahrhundert eine wichtige Rolle. Auf diese Weise bereitete man die ganze Bandbreite von fleischlichen Genüssen zu: vom kleinen Vögelchen bis zum ganzen Ochsen. Für Festmahle wurde ein großer Bratenwender mit mehreren Etagen entwickelt, bei dem oben Kleingefieder, in der Mitte Hühner und unten direkt über dem Feuer Enten oder Gänse aufgespießt waren. Auf den Spieß kamen aber auch andere kulinarische Delikatessen wie Fische oder sogar Schnecken. Eine historische Kuriosität ist der „Turnspit Dog" (Spießdrehhund), ein Hund, der im 17. Jahrhundert für den Antrieb von Drehspießen mittels eines Laufrads gezüchtet wurde.

Die Mitgliedschaft in der „Chaîne des Rôtisseurs", der Bruderschaft der Spießbrater, war einst streng limitiert, die Aufnahmeprozedur von jahrelangem „Dienen" abhängig – und die Leiter der Hierarchie konnte nur nach strengen Kriterien erklommen werden. An der Spitze einer Region oder eines Herzogtums stand immer der „Bailli", der Zunftmeister. In Paris residierten der Grand Bailli und der Grand Chancelier, die bei Hofe den Rang eines Botschafters einnahmen.

Diese Vereinigung bestand 540 Jahre – ihr gehörten die besten Köche Frankreichs an –, bis sie im Jahr 1788 während der französischen Revolution verboten wurde.

Die modernen Spießgesellen

Im Jahre 1950 ließen in Paris drei Gourmets und zwei Gastronomen die uralte Zunft wieder aufleben. Es sollte wieder edel gespeist und nicht nur einfach gegessen werden. Die Idee des „Dîner Amical", des Freundschaftsessens, machte an den Grenzen Europas nicht Halt. Und so wuchs die ursprünglich für Frankreich vorgesehene Vereinigung zu einer internationalen Bruderschaft an. Schon bald wurde neben dem „Confrère" die „Dame de la Chaîne" gleichberechtigt in die Vereinigung aufgenommen. Heute hat die „Confrérie de la Chaîne des Rôtisseurs" weltweit etwa 24.000 Mitglieder in 75 Ländern der Welt. Bei ihrem Beitritt verpflichten sich die Mitglieder zur Brüderlichkeit und gegenseitigen Achtung.

Das archaische Braten am Spieß hat im Zeitalter der modernen Garmethoden deutlich an Bedeutung verloren. Nur beim sommerlichen Grillvergnügen wird schon mal ein ganzes Spanferkel am Spieß gebraten. Da merkt man dann auch, dass dies eine Kunst ist.

Eine spektakuläre Attraktion beim Münchener Oktoberfest ist die öffentliche Zubereitung ganzer Rinder im Bierzelt der Ochsenbraterei, wo Jahr für Jahr rund 100 Ochsen am Spieß gegart werden.

In Deutschland gibt es mehrere sogenannte Spießbratenclubs, die sich speziell dem Zubereiten und Essen von Spießbraten widmen. Der älteste Club besteht in Trier seit 1905.

Der
GRILL

Holzkohle oder nicht – hier scheiden sich die Geister. Bei der Frage nach der Hitzequelle halten es die meisten Männer fast wie beim Fußball: Einen echten Fan von Borussia Dortmund wird man nie davon überzeugen können, ein Fan des FC Bayern zu werden mit dem Argument, dass die Mannschaft den besseren Fußball spielt. Und den wahren Fan des Holzkohlegrills wird man schwerlich davon überzeugen können, dass der Elektrogrill viel gesünder ist und das Fleisch trotzdem super schmeckt, wenn man es richtig macht. Es ist bei Männern oft wie bei den Graugänsen von Konrad Lorenz: Wenn sie einmal ihre – oft schon kindliche – Prägung erfahren haben, dann halten sie unerschütterlich daran fest. Ob beim Fußball oder beim Grill. Einmal Holzkohle – immer Holzkohle. Alles eine Frage des Glaubens, nicht der besseren Argumente. Deshalb wird die weitaus größere Zahl aller Grills weiterhin mit Holzkohle befeuert.

Im Zeitalter der ökologischen und gesundheitlichen Korrektheit sind die lange belächelten oder verpönten Elektro- und Gasgrills aber trotzdem auf dem Vormarsch. Sie versprechen sauberes Grillen – auch in den vier Wänden und das ganze Jahr über. Ihre ausgeklügelte Technik und ihr ansprechendes Design haben mittlerweile selbst manchen Grill-Traditionalisten überzeugt. Schließlich gibt es bei Gas- und Elektrogrills kein langes Vorglühen – die Grillhitze ist schnell erreicht und zudem hat man die Temperatur immer gut im Griff.

Für den Holzkohlegrill spricht ganz klar der rauchige Geschmack des Grillguts, der zum Grillen für die Meisten einfach dazugehört. Der Rauch ist aber ein Problem, wenn Fett oder Flüssigkeit auf die Glut tropfen und giftige Verbindungen entstehen. Dabei ist die Kohle vertikal aufgeschichtet – neben dem Grillgut. Die Holzkohle-Variante ist am schwersten zu reinigen und besonders windempfindlich. Wer will schon sein Steak paniert mit aufgewirbelter Asche haben? Deswegen sind die Deckelgrills, allen voran der Kugelgrill, derzeit besonders beliebt. Ohne Deckel ist ein Windschutz ein Muss. Der Rost eines Holzkohlegrills sollte bequem in der Höhe verstellbar sein, um die Hitze einfach zu regulieren. Bei einem Kugelgrill geht das über die regelbare Luftzufuhr.

 **Für alle Arten von Grills gilt:** *Sie sollten ausreichend stabil sein und sicher auf einer ebenen Fläche stehen.*

Kleine Grillparade

Die Fülle der Angebote an Grills ist schier unüberschaubar. Die Bandbreite reicht sozusagen vom VW-Golf bis zum Rolls Royce, von der Benzinschleuder bis zum Hybrid-Sportwagen, also vom Einweggrill über den Kugelgrill bis hin zu ganzen Grillstationen mit integriertem Räucherofen. Wofür man sich entscheidet, hängt von den eigenen Vorlieben ab, aber vorher sollte man die Möglichkeiten entdecken. Deshalb hier eine Auswahl an Klassikern nebst ein paar wirklich heißen Grilltipps. Viele dieser Grilltypen gibt es auch in Gas- und Elektroversionen.

Der Kugelgrill

Der Kugelgrill hat das amerikanische Barbecue in die deutschen Vorgärten gebracht – in light Version. Erfunden wurde dieser Star unter den Grills im Jahr 1952 von George Stephen, dessen Vater die Firma „Weber Brothers Metal Work" gehörte. Die Legende sagt, dass Stephen unzufrieden gewesen sei mit den damals in den USA vorherrschenden offenen Feuerstellen aus Ziegelsteinen: Die Hitze verteilte sich nicht regelmäßig, Stichflammen stiegen auf – und unbeweglich war so ein Grill auch noch. Also erfand er den „Weber Kettle Grill", der anfänglich wegen seines an den ersten Satelliten erinnernden Designs auch „Sputnik" genannt wurde und relativ leicht und beweglich war. Dieser Kugelgrill aus Metall ist unverwüstlich, zuverlässig und erschwinglich – und es gibt ihn in unzähligen Nachahmer-Versionen. Mit dem Deckel kann man auch bei schlechtem Wetter grillen und dabei sogar ein wenig räuchern.

Der Kamado-Kugel-Grill

Kamado-Grill ist der japanische Sammelbegriff für einen Keramik-Grill in Ei-Form. Er ist so konstruiert, dass man damit sowohl bei niedrigen wie auch bei hohen Temperaturen grillen und auch räuchern kann. Die Luftzufuhr und somit die Temperatur können ziemlich genau geregelt werden. In den dicken Keramikwänden wird die Hitze sehr gut gespeichert und das sorgt für einen sparsamen Brennstoff-Verbrauch. Durch die gleichbleibende Wärme trocknet das Grillgut auch nicht so schnell aus. Der Kamado-Grill ist ein pflegeleichter Ganzjahresgrill – gerade bei extrem niedrigen Außentemperaturen zeigt er seine Stärke und verbraucht nur sehr wenig Holzkohle.

Das Big Green Egg

Das „Big Green Egg" ist eine Hightech-Weiterentwicklung des Kamado-Grills. Er sieht aus wie eine große Handgranate bzw. ein gemütlicher grüner Holzofen aus einer anderen Zeit. Dabei ist das grüne Ei ein Highend-Gerät, das alles kann: grillen, backen, kochen, dämpfen, räuchern ... Seine Hülle ist laut Hersteller aus neuartiger Keramik, die ursprünglich für Space Shuttles entwickelt wurde. Wie beim japanischen Kamado-Grill erlauben die Zu- und Abluftklappen in Boden und Deckel eine genaue Regulierung der Temperatur im Inneren von 50 bis 400 °C. Und das mit einer überschaubaren Menge an Holzkohle. Die Keramik speichert die Hitze hervorragend und ist deshalb auch für schlechtes Wetter und winterliche Temperaturen geeignet. Die Fans dieser Kultkugel aus den USA nennen sich sinnigerweise selbst Eggheads.

Edler Stahl – fast unverwüstlich

Edelstahl ist was für die Ewigkeit und auch gut zum Protzen. Rostfreier Stahl bleibt bei jedem Wetter unverwüstlich und hat Standing, denn zum Rumschieben ist er zu schwer. Die meisten Modelle lassen sich in einem Baukastensystem aufrüsten vom einfachen direkten Grill bis zum indirekten Grill mit Räucherkammer. Die Ablageflächen sind meist spezialbehandelt und lebensmittelecht.

Der Kaminzuggrill

Grillkohle braucht viel frische Luft zum Glühen. Darauf ist der Kamingrill spezialisiert. Die Grillschale liegt über dem dicken Standbein, das als Kamin konzipiert ist. Ausgetüftelte Lüftungsklappen regeln dabei Luftzufuhr und Temperatur. Je heißer es wird, desto mehr frische Luft wird angesaugt. Folge: Die Kohle glüht schnell durch. Blasebalg, Föhn oder gar Pusten, bis einem schwindelig wird, entfallen.

Der Smoker-Grill

Das amerikanische Barbecue-Gerät schlechthin wird auch hierzulande immer beliebter. Auch wenn das Garen im Smoker strenggenommen kein Grillen ist, wird es gemeinhin dazugerechnet. Dabei wird das Grillgut bei Niedrigtemperatur (90 bis maximal 130 °C) in heißem Rauch oder Wasserdampf gegart. Klassische BBQ-Smoker haben einen Behälter für das Brennmaterial (kann man auch mit Holz beheizen) und daran angeschlossen eine Garkammer für das Grillgut. Smoker sind wahre Ungetüme und sehen aus wie kleine altertümliche

Lokomotiven – sie rauchen ja auch. Und so alte Loks brauchen halt ihre Zeit, bis sie ihr Ziel erreichen. Also sind Smoker nur etwas für den Griller mit Muße – belohnt wird er mit Geschmack und zartem Fleisch.

Holzpelletgrill

Klingt altertümlich, ist aber ein Hightech-Produkt. Und deswegen braucht dieser Grill neben den Holzpellets auch Strom. Die Holzpellets geben dem Fleisch einen aromatischen Geschmack. Weil der Rauch und die heiße Luft mithilfe eines Lüfters durch die Grillkammer zirkulieren, ist er praktisch rauchfrei. Den Strom braucht man für die elektronische Steuerung und das schnelle Anheizen. Dann lässt sich direkt und indirekt grillen.

Diese Art von Grills ist besonders edel, aus Stahl und von der Größe eines Küchenboards – schickes Design und App-Steuerung inbegriffen. Da lässt sich das Fleisch auch während des Fußballspiels bequem per Fernbedienung garen. Hochtechnologie hat natürlich auch ihren Preis von 3.000 Euro aufwärts.

Der Schwenkgrill

Der Riesengrill für die Riesenparty: ein großer runder Rost hängt über der Grillschale und kann auch mal zur Seite geschwenkt werden, um Grillgut aus der Hitze zu nehmen oder Kohle nachzufüllen. In Deutschland besonders beliebt im Hunsrück und im Saarland. Dort gibt es sogar die Spezialität „Schwenkbraten" aus mariniertem Schweinenacken. Und dem „Schwenker" des Grills wird besonderer Respekt gezollt.

Dutch Oven

Auf den ersten Blick ein großer Topf aus Gusseisen mit drei Beinen. Und doch ein Universalgenie. In den USA und in Australien (dort als „Camp Oven") war der Topf seit dem 18. Jahrhundert die erste Wahl fürs Braten und Backen über offenem Feuer in der Prärie oder dem Outback. Auf den fest schließenden Deckel wurden zusätzlich glühende Kohlen aufgelegt – und so kam Oberhitze zur Unterhitze. Das Gusseisen speicherte die Wärme über lange Zeit. Wahrscheinlich brachten deutsche und holländische Siedler den Topf mit in die Neue Welt. Eine Statue, die zu Ehren der Mormonen im Jahr 1850 in Salt Lake City aufgestellt wurde, zeigt den gusseisernen Topf. Der Dutch Oven ist außerdem der offizielle Staatskochtopf in Utah.

Solargrill

Der Grill der Zukunft, denn er verbraucht keine fossilen Brennstoffe. Eingefangen und konzentriert wird die Kraft der Sonne mit einem Parabolspiegel. Für alle, die zurück zur Natur wollen oder ihre Ökobilanz aufpolieren möchten. Der Industrie-Designer Sean McGreevy hat zu dieser Idee einen futuristischen Entwurf für ein Modell namens Helios gemacht. Das hat für den Fall, dass es mal regnet, ein eingebautes Kabel für die gute alte Stromzufuhr.

Allerdings ist dieser Grill noch Zukunftsmusik, denn es hapert an leistungsfähiger Technik: Um die nötige Energieleistung zu erzielen, müsste man derzeit seinen kompletten Garten mit Solarzellen pflastern.

Mobile Grills

Praktisch alle Grills gibt es auch in Kleinformat zum Mitnehmen. Es gibt auch spektakuläre neue Grillvarianten – Highend-Geräte für den „Mobile Urban Griller". Die haben aber auch gar nichts zu tun mit den billigen rußenden Einweggrills von der Tankstelle. Ausgezeichnet mit Designpreisen, in schicken Taschen leicht zu transportieren und raffiniert in der Funktion. Da ihre Außenseiten wegen der besonderen Bauform kühl bleiben, können diese Grills während des Garens direkt auf dem Tisch stehen und problemlos angefasst werden. Perfekt für Camping, kleine Balkone oder auf Booten. Wie der Lotusgrill, ein mobiler Indirekt-Grill für den gehoben Anspruch – in wenigen Minuten heiß und schnell zu reinigen. Alle Materialien sind recycelbar. Oder der Cobb-Grill, den es auch in der Gasversion gibt. Erdacht im grillverrückten Südafrika, vereint er die Vorzüge eines Kaminzug- und Kugelgrills.

Kistenbratl

Im Prinzip eine uralte Garmethode, die beim Lagerfeuer zufällig entstanden sein dürfte. In einen Behälter aus Edelstahl wird der Braten gelegt. In dem zweiten, gleich großen Behälter wird ein Feuer gemacht, das Brennmaterial, z. B. Holzkohlebriketts, zum Glühen gebracht und dann alles auf den Behälter mit dem Grillgut gestellt. Dieses wird dann schonend bei Oberhitze gegart – das Fleisch wird bei dieser Methode weich und saftig zugleich.

Platte statt Rost

Was die großen Restaurants vor allem in Spanien und Frankreich pflegen, nämlich Grillen auf einer heißen, gas- oder elektrobeheizten Platte, ist längst auch in den deutschen Wohnzimmern angekommen. Kleine Tischgrills, aber auch größere Exemplare erlauben das Garen in einer gleichmäßig beheizten Grillschale oder auf dem „Heißen Stein". Das Grillgut sollte gut portioniert und nicht zu dick sein, sonst dringt die Hitze nicht durch. Und man sollte immer etwas Öl dazugeben, damit nichts anklebt. Eine raffinierte Variante: Speckscheiben unters Grillgut mischen, die sorgen für Fett und Aroma zugleich.

Wegwerfgrill

Der Einweggrill aus dem Supermarkt oder von der Tankstelle ist gefährlich und erzielt miserable Ergebnisse. Die über der Holzkohle liegende Zündmatte lässt den Grill erst mal hoch auflodern. Wegen des flachen Behälters kommt es schon bei leichtem Wind zu Funken- und Ascheflug. Durch minimalen Abstand zum Untergrund sind Schäden vorprogrammiert. Außerdem ist die Distanz zwischen Kohle und Grillgut viel zu gering: Bei diesen Grills wird nicht nur das Grillgut schnell verkohlt, sondern auch der Käufer.

Grillen am Lagerfeuer

In einer lauen Sommernacht in der freien Natur unter dem Sternenzelt am lodernden Lagerfeuer sitzen – das kommt dem Grillen in seiner Urform eindeutig am nächsten. Das Lagerfeuer ist der Inbegriff von Wildnis, Freiheit und Abenteuer. Für dieses archaische Grillerlebnis braucht man nicht viel – nur freie Zeit, Feuer und Spieße. Und die kann man sich sogar selber schnitzen. Das flackernde Feuer wärmt die Seele und löst die Zunge: Nirgends sonst lässt es sich so ungezwungen essen und gemütlich plaudern.

Stockbrot ist der Lagerfeuerklassiker schlechthin – vor allem für die Kinder. Für normales Stockbrot wird ein Hefeteig zubereitet. Wem der Grundteig zu langweilig ist, der kann ihn mit pikanten oder süßen Zutaten verfeinern. Und wer es ganz süß mag, kann zu Marshmallows greifen. Aber Achtung: den Stock möglichst waagerecht und nicht direkt ins Feuer halten. Sonst ist das Brot außen verkohlt und innen noch roh. Das gilt natürlich für alles, was aufgespießt werden kann: Würstchen, Fleisch, ganze Fische, Maiskolben, bunte Gemüse. Und noch etwas: Trockene Holzspieße verbrennen schnell. Wer öfter am Lagerfeuer grillt, ist mit Metallspießen besser dran, wenn sie denn einen isolierten Griff haben. Wer Mut hat, kann sich auch an ganze Tiere wagen – wie zum Beispiel ein Spanferkel. Werden Tiere im oder über dem offenen Feuer gegart, verkohlen Fell und Lederhaut zu einer stabilen Kruste, unter der das Muskelgewebe und die inneren Organe im eigenen Saft weich garen. Dabei wird das Grillgut auch von allen Keimen befreit. Die schützende Hülle der Haut ist dann allerdings oft nicht mehr genießbar.

Für den Profigriller gibt es natürlich auch am Lagerfeuer jede Menge Hilfsmittel, Grillschalen, kleine Roste etc. Doch häufig braucht man noch nicht mal einen Stock oder Grillrost. In Alufolie eingewickelt, lässt sich so gut wie alles garen. Und wer die nicht zur Hand hat, nimmt ungiftige Blätter – wie zum Beispiel Huflattich oder Bananenblätter. Das ist von den Indianern überliefert: Sie gruben ein Loch in die Erde, schlugen es mit grünen Blättern aus, legten dann das rohe Fleisch hinein, darüber breiteten sie ein Geflecht aus Zweigen, darüber frische Erde, und schließlich zündeten sie über allem ein Feuer an. Die Erde und die Blätter sorgten für eine schonende Garung.

Manches Gemüse und auch Obst lässt sich auch garen, indem man es einfach in die Glut gibt – Kartoffeln zum Beispiel oder auch Paprika. Die verkohlte Außenhaut wird abgepellt und das von Röstaromen erfüllte Innere gegessen. Auch Bananen lassen sich auf diese Weise zubereiten. Die Krönung: die Banane kurz anritzen, ein Stück Schokolade rein und schmelzen lassen – erst im Feuer, dann im Mund.

Direktes Grillen

Beim direkten Grillen wird das Grillgut über der Hitzequelle platziert. Die hohen Temperaturen (bis zu 270 °C) an der Oberfläche führen zur Bildung einer Kruste. Bei richtigem Grillen bleibt der größte Teil des Saftes im Inneren erhalten. Zur Verhinderung des Austrocknens an den Oberflächen des Grillgutes können diese zuvor mit Öl, Fett oder Marinaden bestrichen werden.

Eine besondere Art des direkten Grillens stellt das „Sizzeling" dar. Hierbei wird ein Fleischstück kurz (weniger als eine Minute pro Seite) über extremer Hitze angegrillt und danach bei moderater Hitze fertiggegrillt. Besonders einige moderne Gasgrillstationen haben speziell für diese Zubereitungsart eine extra Brennerzone mit einem Keramikbrenner, der Temperaturen von mehr als 800 °C erreicht. Der Vorteil ist das schnelle Entstehen von Röstaromen an der Oberfläche, ohne dass das Innere schon gegart wird.

Indirektes Grillen

Beim indirekten Grillen wird das Grillgut bei mittlerer bis hoher Temperatur (ca. 130 bis 220 °C) in einem geschlossenen Grill (oft einem Kugelgrill) gegart. Dabei befindet sich das Grillgut entweder neben der Hitzequelle oder seitlich versetzt oberhalb der Hitzequelle. Die Hitze erreicht das Grillgut daher nicht direkt, sondern wird vielmehr an der Innenseite des Grills reflektiert. Die heiße Luft umströmt das Gargut gleichmäßig, so ist der Garprozess mit dem in einem Umluftofen vergleichbar. Unterhalb des Grillgutes kann eine Schale platziert werden, die herabtropfendes Fett, Fleischsaft oder herunterlaufende Marinade auffängt und bei Zugabe von Flüssigkeit (Wasser, Bier, Wein), Wurzelgemüse und Gewürzen die Zubereitung einer Sauce ermöglicht.

Der Hauptvorteil des indirekten Grillens besteht darin, dass auch dickes Gargut gleichmäßig gar wird, weil die Hitze ausreichend Zeit hat, ins Innere vorzudringen, ohne das Äußere zu verbrennen. Außerdem bleibt der Bratensaft erhalten und das Wenden entfällt. Der Nachteil besteht in einer längeren Zubereitungszeit, entsprechend der Größe des Grillgutes.

Speziell beim indirekten Grillen ist es sinnvoll, das Fleisch längere Zeit vorher in einer Marinade oder Salzlake einzulegen, damit es möglichst aromatisch bzw. besonders zart und saftig wird.

Abstand zwischen Grillgut und Glut

Essentiell beim Grill ist, dass der Rost leicht höhenverstellbar ist. Denn jedes Grillgut braucht eine andere Hitze. Dünne Fleischstücke, Bratwürste, Fisch oder Gemüse, die schnell gar sind, können nah an der Glut gegrillt werden. Dicke Steaks, die länger brauchen, benötigen auch einen größeren Abstand zur Glut, damit sie nicht außen verkohlen und innen roh bleiben. Dabei gilt folgende Faustregel: Hand rund 15 cm über den Grillrost halten – mindestens zwei Sekunden. Ist es zu heiß dafür, sollte der Rost etwas höher hängen.

Platzierung der Glut

Die Kohle gleichmäßig im Grill zu verteilen mag schön aussehen, ist aber verkehrt. Man sollte immer zwei Hitzezonen haben, die Kohle also auf einer Seite konzentrieren, damit der andere Teil des Grills zum Garen in indirekter Hitze genutzt werden kann. Diese Zone dient auch zum Zwischenparken von Grillgut. Damit über dem Rost gleichmäßige Hitze herrscht und der Rauch sein Aroma an die Speisen weitergeben kann – dafür sorgt ein Deckel über dem Grillrost.

Grillanzünder

Holz, Holzkohle oder Briketts aus Holzkohle brauchen jede Menge Energie, bis sie so richtig durchglühen können. Brennspiritus oder Benzin sind aber lebensgefährliche Brandbeschleuniger und haben – wie auch Papier und Holz – in der Grillschale nichts zu suchen.

Beim Vorglühen die Nummer eins ist der Anzündkamin – dabei glühen die Kohlen durch den „Kamineffekt" schnell durch und werden dann als Weißglut in die Grillschale geschüttet. Paraffinanzünder rußen leicht und haben einen eigenwilligen Geruch – im Gegensatz zum Feuerspray oder Elektro-Grillanzünder. Auch die meisten Öko-Anzünder wie Holz-Wachswürfel und flüssige Bioanzünder verbrennen nahezu qualmfrei. Flüssige Grillanzünder brennen aus Sicherheitsgründen nur in Verbindung mit festen Brennstoffen. Der Grillanzünder muss daher über die Grillkohlen geschüttet oder gesprüht werden und einige Zeit einziehen, damit er seine volle Wirkung entfaltet. Zündelt man zu früh, bekommt man nur heiße Luft.

Der Grill hat die richtige Hitze, wenn keine Flammen mehr züngeln und wenn die Kohle mit einer grauweißen Schicht überzogen ist – der berühmten Weißglut.

Grillwerkzeug

Die Grillzange aus Metall oder Holz ist tatsächlich alternativlos, wenn man sich beim Wenden und Runternehmen des Grillgutes nicht die Finger verbrennen oder das Grillgut nicht unnötig pieksen und Saft verlieren lassen will. Am besten ist ein Modell mit zwei rutschfesten Griffflächen an den Enden. Grillzangen aus Buchenholz sehen edel aus, sind lebensmittelecht und gesundheitlich unbedenklich. Mit Grillzangen aus Edelstahl kann man dagegen auch mal direkt in die Glut oder ins offene Feuer greifen. Aber Achtung: Edelstahl leitet die Hitze, die Grifffläche sollte daher isoliert sein. Hilfreich ist auch ein Pfannenwender für ganze Fische oder größeres Grillgut. Nicht zu vergessen die Grillhandschuhe, um Verbrennungen zu vermeiden.

Grill reinigen

Ist lästig – muss aber sein. Wenn möglich, noch am selben Tag damit beginnen, damit Ruß und Essensreste nicht eintrocknen und noch schwerer zu entfernen sind. Es existieren ja alle möglichen Mittel und Spezialwerkzeuge, um den Grillrost angeblich mühelos sauber zu bekommen. Erfahrene Profis machen allerdings wenig Hoffnung auf ein Wundermittel, sondern empfehlen die gute alte Drahtbürste aus dem Baumarkt und Muskelkraft. Dazu vielleicht noch Scheuermilch oder Backofenreiniger und einen Schwamm.

Insider-Tipps für die Grillreinigung – einfach mal ausprobieren!

Cola!

Den Grillrost über Nacht in ganz normale Cola einlegen. Am besten geht das in der flachen Duschwanne. Am nächsten Tag abbrausen und das Teil glänzt wieder. Warum? Säure und Kohlensäure lösen die Verschmutzungen.

Zeitung!

Den abgekühlten Grillrost mit Zeitungspapier umwickeln, mit Wasser durchtränken und so über Nacht einweichen lassen. Eingebranntes löst sich und der Rost lässt sich am nächsten Tag mit warmem Wasser und Spülmittel leicht reinigen.

Gras!

Diese Reinigungsmethode geht leider nur, wenn man einen eigenen Rasen vor der Haustür hat. Legen Sie den Rost abends einfach ins Gras. Über Nacht und am Morgen wird er durch den Tau gut eingeweicht und lässt sich hinterher leichter abspülen.

Ausbrennen!

Die rabiate Variante ist unter Viel-Grillern ziemlich beliebt. Fett- und Grillreste über den Flammen des Grills ausbrennen lassen, bis nur noch Ruß übrig ist. Der lässt sich dann mit einer Drahtbürste entfernen.

Die größten

FEHLER

beim

GRILLEN

Brandbeschleuniger verwenden

Das macht nur der „King of Hellfire": Brennspiritus oder Benzin als Anzündhilfe verwenden. Auch wenn der Appetit groß ist und das Fleisch nicht schnell genug auf den Rost kann: Niemand sollte so lebensmüde sein. 4.000 scheußliche Unfälle gehen Jahr für Jahr auf solche Harakiri-Aktionen zurück. Direkt aus der Flasche auf den Grill gespritzt, kann eine brennbare Flüssigkeit nämlich hochgefährlich werden. Meterhohe Stichflammen sind nicht selten und die grillen auch das Fleisch, das nicht auf den Grill gehört.

Sinnvoller ist da der Grillanzünder und ein Anzündkamin. Oder man hilft der Glut mit dem Blasebalg nach – aber nur, solange noch kein Grillgut auf dem Rost liegt.

Fleisch direkt aus dem Tiefkühlfach auf den Grill

Wenn Heiß und Kalt in der Erdatmosphäre mit voller Wucht aufeinander treffen, dann entstehen kräftige Gewitter. Ähnlich ist das auch auf dem Grill. Wenn Fleisch aus dem Eis in Gluthitze gerät, dann explodieren die Säfte förmlich und schießen aus dem Fleisch heraus. Das zerstört nicht nur die Fleischfasern, sondern auch den Geschmack und Genuss.

Gefrorenes Fleisch sollte man immer langsam auf Zimmertemperatur bringen – oder am besten gleich frisches Fleisch verwenden.

Zu früh auflegen

Mit dem Grillen sollte erst begonnen werden, wenn die züngelnden Flammen verschwunden sind und schöne heiße Glut im Grill liegt, die oben grau schimmert. Erst dann ist die richtige Grilltemperatur erreicht. Der direkte Kontakt des Grillguts mit offenen Flammen sollte möglichst vermieden werden.

Fleisch fröhlich wenden

Liegt das Fleisch auf dem Grill, sollte es nicht zu häufig gewendet werden, da verkrampft es sich und wird zäh. Es reicht aus, Würste, Steaks, Fisch und Gemüse von beiden Seiten anzurösten und dann abseits der heißesten Glut indirekt und langsam garen zu lassen.

Mit Bier ablöschen

Nicht aus der Welt zu schaffen ist der Mythos, dass Flammen beim Grillen mit einem ordentlichen Schluck Bier abgelöscht gehören, um einen guten Geschmack zu bekommen. Das Gegenteil ist aber tatsächlich der Fall. Das Bier spült die Würze vom Grillgut ab, eventuell wird gar die Kohle gelöscht oder Asche wirbelt auf und klebt sich ans Fleisch. Wenn's mal brennt, ist es besser, Steak oder Würstchen neben Glut und Flammen zu ziehen und, falls vorhanden, den Deckel des Grills zuzuklappen.

Falsches Öl benutzen

Egal ob für die Marinade oder zum Bepinseln des Fleisches – man sollte stets ein hitzebeständiges Öl verwenden. Gut geeignet sind Oliven-, Maiskeim- oder Sojaöle. Andere Arten können spritzen, wenn sie zu heiß werden, und das endet nicht selten mit Brandblasen.

Fett fleißig in die Glut tropfen lassen

Wenn Marinade oder Öl in die Glut tropfen, entstehen gesundheitsgefährdende Stoffe. Eingelegtes Grillgut sollte lieber auf Aluschalen gegrillt werden. Darin braucht es zwar ein wenig länger, ist aber gesünder.

Den Grill unbeaufsichtigt lassen

Das gilt nicht nur, wenn Kinder oder Haustiere in der Nähe sind. Auch erwachsene Menschen werden, nicht zuletzt nach Alkoholgenuss, ausgelassen und unvorsichtig. Und das Fleisch ärgert sich auch schnell schwarz, wenn es vernachlässigt wird. Also: Augen auf beim Grillen!

GRILLEN GLOBAL

Eine kleine Reise zu den Grillplätzen dieser Welt

Seit Urzeiten versammeln sich Menschen ums offene Feuer, um im Freien gemeinsam mit Familie oder Freunden zu feiern und zu essen. Die Wärme und Helligkeit der lodernden Flammen, die glimmende Glut und die besonderen Aromen, die beim Grillen entstehen, faszinieren seit jeher die Menschen rund um den Erdball.

Daher ist es auch kein Wunder, dass sich auf dem ganzen Globus ganz eigene Grill- und dem Grillen eng verwandte Garmethoden entwickelt haben. Schauen wir doch mal über die Ränder des heimatlichen Wald- und Wiesengrills hinaus in die weite Welt, was andere Völker wohl auf dem Rost brutzeln – denn es muss ja nicht immer Bratwurst sein. Warum nicht mal asiatischfeurige Spieße oder südafrikanisch inspirierte Wildspezialitäten mit fruchtigen Chutneys? Wie wäre es mit mediterranem Grillgemüse oder Hackröllchen nach orientalischer Art? Mit den südamerikanischen riesigen Rindersteaks? Oder mit dem legendären amerikanischen Barbecue?

BBQ – das Barbecue

Im Land von Freiheit und Abenteuer ist die Lagerfeuerromantik nicht allein den Cowboys vorbehalten. Die Südstaaten der USA – ausgehend von Carolina – sind die Heimat des inzwischen weltbekannten Barbecues, auch gern als BBQ abgekürzt.

Der Begriff bezeichnet einerseits die ganze klassische Grillparty unter freiem Himmel, andererseits den Garvorgang selbst. Und der unterscheidet sich erheblich vom deutschen Rostgrillen über einer glimmenden Glut.

Beim Barbecue werden große Fleischstücke in der heißen Abluft eines Holzfeuers gegart – bei mäßiger Temperatur von ca. 90 °C. Und das kann Stunden dauern – im Gegensatz zum schnellen Grill-Imbiss der Hamburger-Ketten. Das Barbecue als „Slow Food" ist somit der Gegenentwurf zum vorherrschenden „Fast Food" in den USA. Das langsam gegarte Fleisch ist bekömmlich, weil immer butterzart und saftig, und gesund. Denn die Nährstoffe des Fleischs bleiben weitgehend erhalten. Und es kann nie passieren, dass das Fleisch außen anbrennt und innen noch halbroh ist.

Für die schonende Zubereitung wurde ein spezieller Ofen erfunden, der „BBQ-Smoker". Die Smokers haben eine geschlossene Haube mit zwei Kammern. Eine davon ist die Brennkammer, in die das Holz der Wahl kommt – in den USA meist Mesquite, Pecan oder Hickory. Die zweite Kammer ist die Rauchkammer, in die das Fleisch gelegt wird. Man sollte der Versuchung widerstehen, dauernd nachzuschauen, ob das Essen schon fertig ist, denn jedes Öffnen der Rauchkammer verlängert den Garvorgang gleich wieder um eine Viertelstunde.

Wer gerne grillt,
dankt Schwein und Kuh
für das leckre Barbecue.

Verfasser unbekannt

Im Smoker lassen sich sehr große Stücke Fleisch im Ganzen garen – z. B. eine ganze Schweineschulter oder eine ganze Rinderbrust. Was auf keinem BBQ fehlen darf, ist die etwas großspurig „Holy Trinity" (Heilige Dreifaltigkeit) genannte Fleischzusammenstellung: Spareribs, Beef Briskets & Pulled Pork. Jedes Fleisch wird mit speziellen Gewürzmischungen vorbereitet – entweder in einer „Brine" genannten Salzlake eingelegt oder mit dem „Dry Rub", einer trockenen Gewürzmischung einmassiert.

Spareribs (Schälrippchen) sind auch bei uns bekannt – kommen aber meist zäh und verbrannt auf den Teller, im Gegensatz zur butterzarten Variante beim BBQ. Bei Pulled Pork handelt es sich um Schweinefleisch (Schulter oder Nacken), das so lange gegart wird, bis es so weich ist, dass es in kleine Stücke zerfällt und regelrecht zerrupft werden kann. Das Beef Brisket von der Rinderbrust wird bis zu 15 Stunden lang schonend erhitzt, bis es an Zartheit nichts mehr zu wünschen übrig lässt.

Der zweite Clou beim BBQ sind die Saucen oder Dips, in denen die würzig-deftige Worcestershiresoße und scharfes Chilipulver das Tüpfelchen auf dem i sind. Dazu gibt's gegrillte Kartoffelsticks, Maiskolben oder einfach buntes Gemüse, das am besten in der Aluschale übers Feuer kommt. Und für die Kinder am Spieß über offener Flamme geröstete Marshmallows!

Vor gut 200 Jahren wurden große Barbecue-Feste auf den Plantagen der Südstaaten Mode. Der Kultfilm „Vom Winde verweht" hat dieser Tradition ein Denkmal gesetzt.

Hamburger

Das Gegenstück zum gemächlichen BBQ-Grillen in den USA ist der schnelle Grillgenuss. Der Exportartikel Nummer 1 der USA in Sachen Fast Food vom Grill ist ohne jeden Zweifel der Hamburger. Der „All-American-Burger" ist eine Rinderhackscheibe, das so genannte „Patty", das auf einer heißen Platte gegrillt wird. Das Patty darf in Deutschland ausschließlich aus weitgehend sehnenfreiem Rindfleisch hergestellt werden – verfeinert mit Salz und Gewürzen. Weitere Zutaten sind nicht erlaubt.

Woher der Name „Hamburger" stammt, verliert sich im Nebel der Legenden. Eine Story lautet, dass raue Seeleute aus dem Baltikum gern frisches, gut gewürztes Rinderhack roh verzehrt haben. Ihren feinen Hamburger Kollegen war das zu unkultiviert. Sie brieten das Fleisch deshalb in Fett aus und brachten den Brauch in die Neue Welt. Für diese Theorie spricht, dass ein Hackfleischbratling als „Hamburger Steak" 1891 in einem amerikanischen Kochbuch erwähnt wird. Verbürgt ist auch die Geschichte von Fletcher Davis, der auf der Weltausstellung 1904 in St. Louis ein Hacksteak mit Senf und Zwiebeln angeboten hat, das sogar von der „New York Tribune" als kulinarischer Leckerbissen erwähnt wurde.

In jedem Fall hat der Hamburger jede Menge Verwandte: die Frikadelle in Norddeutschland, die Boulette in Berlin, das Fleischpflanzerl in Bayern und das faschierte Laberl in Wien. Die meisten von ihnen sind nicht so elegant genormt und geformt wie der Hamburger, sondern sind eher Fleischklopse. Außerdem sind sie meistens nicht reinrassig Rind, sondern Mischlinge aus Schwein, Rind, alten Semmeln, Zwiebeln und einer Vielzahl anderer Gewürze und Zutaten. Doch wenn die Mischung stimmt, dann kann der Fleischklops eine wahre Delikatesse sein.

Echte Hamburger-Fans machen sich ihren Patty natürlich selbst: das frische Rindfleisch mit einem Fettanteil nicht unter 20 Prozent am besten am Stück kaufen und selbst durch den Fleischwolf drehen, dann gut würzen. Den gut 2 cm dicken Patty in der passenden Größe zum frischen Brötchen formen, mit etwas Öl oder Rindertalg (für die Gourmets!) bestreichen und auf den Grill legen. Dabei möglichst in Ruhe lasen und nur einmal wenden. Kurz vor dem Ende ein Stück Cheddar-Käse drauf, damit der noch leicht schmilzt.

Das Churrasco

In Lateinamerika wird das Grillen von Fleisch über dem Feuer allgemein als Churrasco bezeichnet. Es ist das traditionelle einfache Essen der Gauchos, der Hüter der Rinderherden in den Weiten Südamerikas. Nötig dazu war nur ein scharfes Messer für das Fleisch, etwas Salz, um es zu würzen, und ein Feuer. Ein Churrasco zuzubereiten ist daher etwas für echte südamerikanische Kerle. Welches Fleisch auf dem Grill landet, ist regional sehr unterschiedlich – Hauptsache, es kommt vom Rind.

Vor allem in Brasilien findet sich in jedem Ort, der etwas auf sich hält, eine Churrascaria, ein auf Churrasco spezialisiertes Restaurant. Das Churrasco ist eine Art Nationalgericht Brasiliens. Der Name soll eine lautmalerische Umschreibung des Zischens sein, das entsteht, wenn Fett ins Feuer tropft. Und fett muss das Fleisch sein, das über dem offenen Feuer gebraten wird – auf dem Grillgitter oder archaisch auf Spießen.

Wenn das Fleisch gar ist, wird es in kleinere Stücke geschnitten und auf einer großen Platte in der Mitte des Tisches platziert, sodass sich jeder selbst bedienen kann. Mit dem Fleischspieß kommt die Bedienung an den Tisch und schneidet Scheiben direkt auf den Teller.

Während die Gäste aufs Hauptgericht warten, stillen sie den größten Hunger an schnell gebratenen kleinen Grillwürstchen oder an „Corações de Galinha", Hühnerherzchen, die in Weinsud eingelegt, am Spieß gegrillt und dann in Maniok-Mehl gewälzt werden. Geröstete Weißbrotstücke, mit Knoblauch-Butter bestrichen, sind auch sehr beliebt.

Ein traditioneller Dip ist in Brasilien geröstetes Maniokmehl, das mit Butter verfeinert wird, das sogenannte „Farofa". Getrunken wird nicht nur ganz traditionell Bier, sondern immer öfter auch ein guter Tropfen Landwein.

Das Asado

Das Asado ist die argentinische Variante des Fleischgarens auf dem Grill – und es kommt aus derselben Gauchotradition wie in Brasilien.

Asado ist sowohl die Bezeichnung für ein spezielles Grillfleisch, nämlich eine längs geschnittene Rippe, als auch ganz allgemein für ein Festessen mit Freunden oder der Familie, das Stunden dauern kann und bei dem die Geselligkeit im Mittelpunkt steht. Daher wird das Grillfleisch auch ganz langsam gegart. Es kann aus verschiedenen Sorten bestehen – neben Rind auch Schaf, Ziege, Lama und Geflügel. Sogar Innereien wie Bries, Niere, Magen und Hirn gehören zum Asado. Dazu gibt's alle Arten von Salaten.

Die traditionelle Sauce beim Asado heißt „Chimichurri" –
eine feurig-würzige Mischung, mit der das Fleisch auf dem Grill
beträufelt wird, die aber auch pur mit Weißbrot schmeckt.

Was der Torero beim Stierkampf, ist der Asador, der Grillmeister,
beim Asado. Der unumschränkte Herr über das Fleisch. Jeder hat
seinen eigenen Stil und wehe, man redet ihm drein. In Argentinien wird das Fleisch oft direkt verarbeitet und verkauft – so
behält es seinen Charakter und schmeckt viel kräftiger, als man
es hierzulande gewohnt ist. Dieses Asadofleisch muss daher vor
dem Grillen kaum gewürzt oder mariniert werden. Getrunken
wird zum Asado gerne Wein aus heimischer Traube, gehört Argentinien doch zu den größten Weinproduzenten der Welt.

A la Plancha

In Spanien – und oft auch in Frankreich – wird nicht über dem
offenen Feuer gegrillt, sondern auf einer großen durchgehenden
Platte – eben „a la Plancha". Sie ist ursprünglich aus Gusseisen
und wird meist mit Gas von unten auf eine Temperatur von bis
zu 350 °C erhitzt.

Dieses Verfahren hat drei große Vorteile: Es passt viel Grillgut
auf die Platte, durch die große Hitze wird alles schnell gar und
es können keine giftigen Benzo[a]pyrene durch ins Grillgut trop-
fendes Fett entstehen. Für große Feiern oder für Restaurants ist
diese Art des Grillens ideal. Außerdem ist die Platte sehr haltbar
und leicht zu reinigen.

Auf einer Plancha gelingt so gut wie alles – „vergrillen", also verkohlen, ist kaum möglich. Außerdem lässt sich ganz verschiede-
nes Grillgut nebeneinander und gleichzeitig garen. So liegen oft

Vorspeisen neben Steaks und Fischen, die zur Hauptspeise gereicht werden, und dem flambierten Obst zum Nachtisch.

Noch ein Vorteil: Das Grillgut kann großzügig gewürzt und mariniert werden, weil hier keine Flüssigkeit auf die heiße Grill-kohle tropft. Sogar das Beträufeln mit Bier, beim herkömmlichen Grillen ein Tabu, ist problemlos möglich. Das Grillgut wird wunderbar kross und braun, weil Fett und Fleischsaft gleich verdunsten. Auch das Garen von Kartoffeln oder Grillkäse ist kein Problem.

Und weil alles so schnell und unkompliziert geht, nicht zuletzt die Reinigung, bleibt jede Menge Zeit für das wirklich Wichtige im Leben: das gesellige Miteinander.

Alla Griglia

Die italienisch geprägte Grill-Küche lässt Erinnerungen an laue Sommernächte am Meer aufkommen. Kein Wunder, denn die „Frutti di Mare" spielen eine Hauptrolle darin: ob Thunfisch, Sardinen, Brassen, Muscheln, Sepia, Kalmare oder Krustentiere wie Hummer, Garnelen und Langusten. Und wohl nirgends sonst auf der Welt ist schmackhaft gegrilltes Gemüse so selbst-verständlich dabei: Tomaten, Zucchini, Auberginen, Paprika. Alles fein gewürzt mit den Aromen des Südens: Knoblauch, Salbei, Thymian, Basilikum, Oregano usw., dazu grob gehobelter Parmesan und geröstetes Ciabattabrot.

Auch für Liebhaber exzellenten Grillfleisches hat Italien viel zu bieten: allen voran das „Bistecca alla Fiorentina". Das isst man am besten in der Toskana, wo es auch zu Hause ist. Es ist nichts anderes als ein T-Bone-Steak eines jungen Ochsen der Rinderrasse Chianina, aber es ist riesig groß: bis zu sechs Zentimeter dick und 1.300 Gramm schwer. Traditionell kommt es pur auf den Grill – höchstens ein wenig Olivenöl ist mancherorts erlaubt. Nach ca. 5 Minuten Garzeit wird das Steak gewendet und die gegarte Seite gesalzen. Das passiert auch mit der anderen Seite, ein wenig Pfeffer aus der Mühle und ein kleines Stück Butter obendrauf. Fertig ist der ultimative pure Fleischgenuss aus der Toskana.

Der Döner Kebab

Übersetzt bedeutet der Name nichts anderes als „sich drehender Braten". Dafür werden die in Marinade eingelegten Fleischscheiben schichtweise auf einen Grillstab gesteckt, der sich senkrecht stehend vor der Hitzequelle dreht. Der Döner Kebab ist das bei uns bekannteste und am weitesten verbreitete türkische Gericht. Es ist aber beileibe kein türkisches Nationalgericht – in Deutschland, besonders in Berlin, soll es die meisten Dönerbuden der Welt geben.

Was da am Spieß gegrillt wird, unterscheidet sich erheblich zwischen dem Dönerland Deutschland und dem Ursprungsland Türkei. Ursprünglich wurde für Döner nur Hammel- oder Lammfleisch verwendet, inzwischen werden – vor allem außerhalb der Türkei – auch Kalb- oder Rindfleisch und Geflügel wie Pute oder Hühnchen angeboten.

Wenn die äußeren Fleischspitzen gar sind, werden sie abgesäbelt. In den Imbissbuden vom Bosporus bis Berlin kommen sie dann in das Fladenbrot, „Pide" genannt. Es gibt inzwischen auch die Variante des eingerollten Döners, bei dem das Fleisch in ein besonders dünnes Fladenbrot, das „Yufka", gewickelt wird. Zu beiden Varianten werden eine würzige Joghurtsoße sowie verschiedene Salate angeboten. Den klassischen Döner gibt es aber auch ohne Brot auf dem Teller als vollwertiges Hauptgericht – dann mit Beilagen wie Reis und Salat.

Das Grillfleisch vom Spieß, serviert im Fladenbrot, hat in Anatolien eine lange Tradition. Der Ursprung des heutigen Döner verliert sich aber natürlich auch im Reich der Legenden. Eine davon besagt, dass im 19. Jahrhundert ein Koch namens Hamdi in Kastamonu erstmals geschichtetes Fleisch an einem senkrecht stehenden Spieß gegrillt haben soll. Sein Rezept wurde später von Generation zu Generation weitergegeben: In feine Scheiben geschnittenes Hammelfleisch wird etwa einen Tag lang in einer Mischung aus feingeschnittenen Zwiebeln, Salz, Pfeffer, scharfem Paprikapulver und Kreuzkümmel mariniert und anschließend auf den Spieß gesteckt – zuunterst das Fleisch aus der Keule, dann das Kammfleisch und schließlich das Filet. Der Grill war aus Ziegeln und Lehm gemauert und wurde mit Eichenholzkohle befeuert. Unter dem Spieß befand sich eine zweilagige Schaufel. Im oberen, gelöcherten Teil sammelte sich das abgeschnittene Fleisch, im unteren Fleischsaft und Fett. Serviert wurde dieser „Urdöner" mit einer Mischung aus Petersilie und Zwiebeln, auf Wunsch mit Beilagen wie Reis, Tomaten und Gurken.

In Deutschland hat der Döner seinen Siegeszug Anfang der 1970er-Jahre in Berlin begonnen. Für den deutschen Gaumen gibt es ihn mit unterschiedlichen Saucenvarianten und verschiedenen Salatbeilagen. Gern werden auch Pommes frites dazu gegessen.

Grillen wie in 1001 Nacht

In den heißen Ländern des Orients spielt sich das Leben vor allem in den Abendstunden weitgehend im Freien ab, wenn es kühler wird und die Lebensgeister erwachen. Und dann wird gemeinsam gegessen und getrunken – gern in der Großfamilie, und auch die Gastfreundschaft wird groß geschrieben. Man versammelt sich sozusagen um die Nachtfeuer der Karawanserei, lagert auf Decken und Kissen, tauscht Neuigkeiten aus, erzählt Geschichten, während einem köstliche Düfte in die Nase steigen. Das Braten und Rösten über offenem Feuer hat im Orient eine lange Tradition. Die nordafrikanische Variante der Bratwurst heißt „Merguez", sie besteht aus Lamm- oder Rindfleisch und ist scharf gewürzt. Lammspieße und Hackröllchen werden am liebsten mit Joghurtsaucen, mit frischen Koriander- oder Minzblättern gereicht. Orientalische Aromen sind Kreuzkümmel, Harissa, Sternanis, Kardamom und Zimt, die den typischen Salaten und Beilagen wie Couscous oder Bulgur ihre unverwechselbare Note geben. Tee aus frischer Minze – am besten ist die Nana-Minze – ist im gesamten arabischen Raum bis hinein in die Türkei verbreitet. Und das alles bekommt man längst auch hier bei uns.

Südafrika: Braai

Spätestens seit der Fußball-WM 2010 wissen alle: Die Südafrikaner sind so etwas wie Weltmeister im Grillen – zumindest ist es der kulinarische Nationalsport. Der heißt dort und in Namibia „Braai", und öffentliche Braai-Plätze gibt es überall. Grillen gehört am Kap zu den beliebtesten Freizeitaktivitäten. Gefeuert wird gern mit dem Holz des Kameldornbaumes, denn es glüht länger als normale Holzkohle. Eine Spezialität ist die Burenwurst, die „Boerewors", eine zur Schnecke gedrehte Bratwurst aus Rinder- und Straußenfleisch. Dazu viel saftiges Fleisch, auch Wildsorten wie Gnu, Kudu, Springbock oder Antilope. Kulinarisch begeistert die südafrikanische Grillküche vor allem mit exotischen Saucen und fruchtigen Chutneys wie Chakalaka aus Tomaten und Ge- müse mit Kräutern und Gewürzen wie Ingwer, Koriander und Minze. Fleischspieße werden auch gern mit Früchten wie Ana- nas oder Papaya kombiniert. In dem von Weltmeeren umspülten Land kommen auch Fische gern auf den Rost, allen voran der Snoek-Fisch – die Hechtmakrele –, der gern zusammen mit Kartoffeln gereicht wird.

Weil das Brauen in Südafrika eine lange Tradition hat, fließt zum Grillfest reichlich Bier. Aber auch die Weine vom Kap genießen bei Kennern längst einen hervorragenden Ruf.

Die Grillbegeisterung hat inzwischen zu einem „National Braii Day" geführt, der jedes Jahr am 24. September gefeiert wird und für den Bischof Desmond Tutu die Schirmherrschaft übernom- men hat.

Grill-Snacks aus Südostasien

Die südostasiatische, insbesondere die thailändische Küche wird bei uns immer beliebter und so ist es kein Wunder, dass auch bei heimischen Grillabenden fernöstliche Aromen in die Nase stei- gen. In den quirligen Garküchen Thailands wird eine bunte Viel- falt von gerösteten Appetithäppchen und gegrilltem Fingerfood angeboten. Thailändische Köche sind extrem kreativ und verwenden nur frische Zutaten. Die Gerichte sind leicht und gut bekömmlich. Gegrillt wird mit Bambuskohle; stilecht röstet das Grillgut an zuvor gewässerten Bambusspießen. Weit verbreitet sind Schweinefleisch oder Huhn – letzteres gern als Saté-Spieß mit Erdnuss-Sauce. Es können aber auch mal Frösche oder Heuschrecken und andere für unseren Gaumen exotische Gerichte dabei sein. Für die typisch asiatische Würze sorgen Kokosmilch und Currymischungen, aber auch Tamarindensaft, Zitronengras, Ingwer, Koriander und feuriges Chilipulver. Rindersteaks werden gern mit Palmzucker und einer landestypischen würzigen Fischsauce mariniert. Meeresfrüchte-Spieße sind häufig mit Ananas oder Mangos verfeinert. Ein Gaumenschmaus ist Fisch, der gut gewürzt in Bananenblättern eingerollt serviert wird.

Japans Grillspezialitäten

Die Japaner sind sozusagen Hardcore-Griller: Sie fangen schon beim Frühstück an. Auf dem heimischen Garkocher wird der Morgenfisch gegart. „Teriyaki-Steaks" aus zartem Strauß- und Rindfleisch sind eine weitere Spezialität im Land der aufgehenden Sonne. Zuvor wird das Fleisch in einer Marinade aus Ingwer, Sojasauce, Reiswein und Knoblauch eingelegt und nur kurz auf jeder Seite angegrillt. Das Grillhähnchen gibt es auch in Japan, es heißt dort „Yakitori" und ist nichts anderes als ein Spieß mit Hühnerfleisch.

Schisch Kebab (Şiş Kebab)

Der traditionelle türkische oder arabische Grillspieß besteht aus dem fettarmen Fleisch aus der Keule oder der Schulter vom Lamm, das in einer Marinade aus Olivenöl, Milch, geriebenen Zwiebeln oder Zwiebelsaft, Salz und Pfeffer und einer Reihe von Gewürzen wie Knoblauch, Kreuzkümmel, Zimt, Cayennepfeffer, Thymian und Minze für mehrere Stunden eingelegt wird. Anschließend werden die Fleischstücke abwechselnd mit Tomaten- und Paprikastücken auf Spieße gesteckt und über Holzkohle gegrillt. Das Gemüse kann auch entfallen oder separat gegrillt werden. Dazu gibt es Reis oder Hartweizen, Salat und Fladenbrot.

Tschelo Kabab

Eines der alten persischen, heute iranischen Nationalgerichte. Es handelt sich um am Spieß gegrilltes Lammfilet oder um eine Mischung aus Lamm- und Rinderhack. Serviert wird dazu gedämpfter Reis und als Getränk „Dugh", ein flüssiger Joghurt, der dem türkischem „Ayran" oder indischem „Lassi" ähnelt.

Souvlaki

Die griechische Variante: in Pfeffer und Zitronensaft eingelegtes Schweinefleisch wird auf Holzspießen über Holzkohlenglut gegrillt. Es kann auch Lamm- oder Hähnchenfleisch verwendet werden, man genießt es entweder pur oder im Pitabrot, auch als Tellergericht mit Tzatziki, Kartoffeln oder Pommes frites.

Ražnjići

So heißen die Grillspieße auf dem Balkan. Fleisch vom Schwein, vom Kalb oder Lamm wird in flache Würfel geschnitten und über Nacht in einer Marinade aus Öl und Zwiebeln eingelegt. Dann wird das Fleisch abwechselnd mit Gemüsestücken wie Paprika oder Zwiebeln auf die Spieße gesteckt und gegrillt. Dabei werden die Spieße immer wieder mit Öl bestrichen, um ein Austrocknen zu verhindern.

Schaschlik

Schaschlik ist ein traditioneller Imbiss in Russland, dem Kaukasus und in Teilen Südosteuropas (u. a. Serbien und Ungarn), wo die Spieße an Ständen angeboten werden. Viele der in ganz Russland verbreiteten Schaschlikrezepte stammen ursprünglich aus dem Kaukasus.

Mehrere kleinere Fleischstücke – Hammel- bzw. Lammfleisch, Rind- oder Schweinefleisch – werden abwechselnd mit Gemüse wie Zwiebel, Paprika, Tomate und Innereien oder kleinen Würstchen aufgespießt und in einer Marinade aus Senf, Essig, Salz und Pfeffer eingelegt.

Die übliche Beilage ist Brot, in einigen Ländern Reis oder Gemüse-Rohkost, in Russland auch gekochte Kartoffeln und natürlich Wodka.

Saté (Satay)

Stammt ursprünglich aus Indonesien, ist aber in ganz Südostasien verbreitet und beliebt. Der Name bedeutet nichts anderes als „Fleisch, das auf Bambusspießchen über Holzfeuer gegrillt wird". Fleisch und Zutaten gibt es in allen denkbaren Variationen. Meistens wird jedoch Hühnerfleisch oder Lammfleisch angeboten, das oft mit Kurkuma mariniert ist. Es gibt aber auch Variationen mit Fisch oder Meeresfrüchten. Dazu passt würzige Erdnuss-Sauce oder eine saure Gemüsemischung.

Yakitori

Die japanische Variante von gegrillten Fisch-, Fleisch- und Gemüse-Spießchen. Das traditionelle Yakitori besteht ausschließlich aus Hühnchenteilen und Gemüse, aber längst zählt auch jede andere Art von Fleisch, Fisch, Meeresfrüchten und vegetarischem Grillgut dazu, das aufgespießt und gegrillt wird. Yakitori serviert man üblicherweise mit Salz oder einer würzigen Sauce, deren Grundbestandteile Reiswein, Sojasauce und Zucker bilden. Sie dient sowohl zum Bepinseln des Grillgutes als auch als Dip.

Arrosticini

Die wenig bekannte Grillspezialität aus den italienischen Abruzzen besteht aus kleinen Schaffleisch-Würfeln, die auf Spieße gesteckt und mit Olivenöl bestrichen werden. Dann geht's auf einen rustikalen Holzkohlegrill.

Fleisches

LUST

Der Fleischkonsum ist in Verruf geraten. Ist der Mensch überhaupt dazu geschaffen, Fleisch zu essen? Die Meinungen darüber gehen auseinander. Dafür spricht zumindest ein viele Jahrtausende lang laufender erfolgreicher Feldversuch unter Realbedingungen. Der Mensch, so steht fest, war nie reiner Vegetarier. Er ist ein Allesfresser. Und genau deshalb ist der Mensch – auch – ein Fleischfresser.

Der Vorteil von gegartem Fleisch: Es versorgt den Organismus mit Energie und enthält viele wertvolle Inhaltsstoffe: Eiweiß, Mineralien, Spurenelemente und lebenswichtige B-Vitamine. Diese Substanzen durch Garen des Fleisches schnell verfügbar und haltbar zu machen, ist also zunächst kein Problem, sondern eine echte Kulturleistung. Das Problem des modernen Menschen mit seinem Fleischkonsum liegt ganz woanders.

Fleisch war bis weit ins 20. Jahrhundert hinein bei uns immer die Ausnahme auf dem Speiseplan. Am Anfang stand vor dem Fleischgenuss eine anstrengende und aufwendige Jagd der Männer durch Savanne, Steppe oder Urwald, bis das Wild erlegt war. Da brauchte Mann dann eine schelle Energiezufur.

Heute liegt die Jagd nach Fleisch noch immer in den männlichen Genen, aber der Aufwand dafür hat sich radikal verändert: Mann fährt mit dem Auto zum Supermarkt, Mann greift in die Fleischtheke und Mann bringt seine Beute nach Hause. Unterwegs nimmt er noch einen kleinen Snack zu sich und vielleicht ein alkoholisches Kaltgetränk, um sich für die erfolgreiche Jagd zu belohnen.

Und weil die Jagd in den Genen steckt, das zu leichte Beutema-
chen aber noch nicht in den Gehirnen angekommen ist, kauft
Mann viel mehr Fleisch, als er braucht, und isst viel mehr, als seinem Organismus zuträglich ist. Er ist von alters her eben so pro-
grammiert.

Der Mensch ist bekanntlich ein Jäger und Sammler und das
scheint geschlechtsspezifisch aufgeteilt. Männer essen einer re-
präsentativen Studie zufolge rund doppelt so viel Fleisch und
Wurstwaren wie Frauen. Die bevorzugen eher Milchprodukte
und pflanzliche Proteinquellen wie Hülsenfrüchte oder Nüsse.
Fleischesser sind nicht nur statistisch in der männlichen Über-
zahl, sondern gelten auch – zumindest im Selbstverständnis –
als besonders maskulin.

Das erklären Verhaltensforscher damit, dass der Herr über das
Fleisch auch seit Urzeiten der Herrscher innerhalb der Gemeinschaft war. Denn der Sieg des mutigen Jägers über die wilden,
bedrohlichen Tiere sicherte das Überleben und die Prosperität
der Gemeinschaft. Der größte Jäger genoss das größte Ansehen
und hatte die größte Macht. Und genau wegen dieser Fleisch
gewordenen Machtfrage fällt es Männern auch heute noch
schwer, ihren Fleischkonsum einzuschränken oder gar fleischlos
zu leben. (Das käme ja einer Entmannung gleich.)

Und warum grillt Mann so gerne? Weil es die ursprünglichste
Art der Zubereitung ist, das Wild über dem offenen Feuer zu
garen, und der Mann somit an die erfolgreichen Momente in der
Evolution der Menschheit erinnert wird. Grillen ist herrlich
archaisch. Der Mann kann sich wie früher als Jäger und Versor-
ger inszenieren – als ganzen Kerl eben.

Ich ess

auch gern mal

vegetarisch,

wenn Fleisch dabei ist.

Verfasser unbekannt

Welches Fleisch eignet sich zum Grillen?

Auf den Grill kann man praktisch jedes Fleisch legen. Nur Geräuchertes und Gepökeltes ist wenig geeignet, denn Pökelsalz enthält Nitrit, das in der Hitze zusammen mit Eiweiß krebserregende Nitrosamine bildet.

Für den Grill besonders geeignet und richtig schmackhaft ist frisches, rotes Fleisch. Zuallererst natürlich Rind, aber auch Schwein und Wild. Von feinen Fettadern durchzogen – also marmoriert – darf und sollte das Fleisch unbedingt sein. Fett ist bekanntlich Geschmacksträger, und allzu mageres Fleisch wird auf dem Grill nicht zart und saftig. Auch zu dünn geschnitten sollte das Fleisch nicht sein. Zwei bis drei Zentimeter Dicke sorgen dafür, dass das gute Stück nicht austrocknet.

Bei Bratwürsten ist Maßhalten empfehlenswert, denn sie enthalten mit rund 25 % den größten Fettanteil von allem Grillgut, Hühnerfleisch oder Schnitzel dagegen nur rund 2 %. Aber wer will beim Grillen schon die Kalorien zählen?

Wann und wo kaufe ich Grillfleisch?

Erste Adresse für bestes Grillfleisch ist der Metzger des Vertrauens. Der kann einen beraten, was gerade frisch oder angesagt ist. Gut abgehangen, das heißt mürbe, sollte das Fleisch in jedem Fall schon sein.

Wer seinen Fleischer kennt, der kann unbesorgt auch schon fertig mariniertes Grillgut mitnehmen. Vorsicht bei Fleisch aus der Theke im Supermarkt, das bereits mariniert ist. So eine Marinade kann wie eine raffinierte Schminke wirken – und wer viel

Schminke braucht, der will vielleicht etwas verbergen. Die immer wiederkehrenden Fleischskandale sprechen für sich. Zudem enthält die konfektionierte Marinade häufig viele Farb- und Konservierungsstoffe, ja sogar Geschmacksverstärker – ein Graus für jeden Gourmet.

Also Augen auf beim Fleischkauf! Wer die guten Stücke gern selbst marinieren will, sollte sie mindestens einen Tag vorher besorgen, und wer etwas Besonderes grillen möchte – etwa ein Stück Wagyu-Fleisch oder eine echte „Bistecca alla Fiorentina" – darf die Vorbestellung nicht vergessen.

Kann man tiefgekühltes Fleisch grillen?

Im Prinzip ja, auch wenn der Gefriervorgang die Qualität ein bisschen mindert. Wichtig für den guten Geschmack ist das langsame Auftauen. Dafür das gefrorene Fleisch in ein Sieb geben und so über eine Schüssel hängen, dass es nicht mit der Auftauflüssigkeit in Berührung kommt. Das ist besonders wichtig beim Geflügel wegen der Salmonellengefahr. Die Schüssel mit Folie abdecken und in den Kühlschrank stellen.

Fleisch – auch frisches – generell etwa eine halbe Stunde vor der Zubereitung aus dem Kühlschrank nehmen, damit es die Umgebungstemperatur annehmen kann. Käme es eiskalt auf den Grill, könnte es innen noch einen rohen „Kern" haben, selbst wenn es außen schon ziemlich dunkel geraten ist. Fans von rosa gegrillten Steaks sind mit frischem Fleisch besser beraten als mit aufgetauter Ware.

Marinieren oder nicht marinieren – das ist die große Frage

Bei der Mischung der Marinade sind der Fantasie keine Grenzen gesetzt – wichtigste Zutaten sind Kreativität und Geschmackssinn, dazu Olivenöl, Sesamöl, Sojasauce, Wein, Essig, Joghurt, Sahne, Knoblauch, Pfeffer, Piment, Senfkörner, Dill, Koriander, Lorbeer usw.

Beim Marinieren werden zwei Fliegen mit einer Klappe geschlagen: Das Fleisch nimmt die Würzaromen auf und erhält einen intensiven Geschmack. Außerdem macht die Marinade das Fleisch schön zart: Säure zersetzt das Bindegewebe der Muskeln und löst die Gelatine. Zugleich wird durch ein saures Milieu die Ausbreitung von Bakterien gehemmt. Beim Marinieren sollte das Fleisch vollständig von der Flüssigkeit umgeben sein und das Gefäß möglichst luftdicht verschlossen werden. Besonders geeignet sind wiederverschließbare Gefrierbeutel. Das Grillgut am besten schon am Vortag einlegen.

Fettreiches Fleisch wie z.B. das Rib-Eye-Steak mit dem Fettauge in der Mitte braucht – wenn überhaupt – wenig Marinade, denn es ist würzig genug. Nimmt man mageres Fleisch, kann man ihm durch die Marinade mehr Aroma geben. Nach dem Marinieren das Fleisch immer gut abtropfen lassen und mit einem Küchentuch trockentupfen, bevor es auf den Grill kommt.

 ***Übrigens:*** *Die Marinade nicht gleich wegschütten, sie kann als Grundlage für eine Sauce dienen.*

Das Rind

Wer Grillfleisch sagt, meint meist Rindfleisch – ob von Ochsen, Kühen, Kälbern oder Bullen. Es ist am besten für das Garen auf dem Rost geeignet – vor allem Lende, Roastbeef und Steaks aus der Hüfte sind ideal zum Grillen. Ebenso wie Fleisch aus der hohen Rippe und vom Bug. Am zartesten schmeckt das Fleisch von Färsen, den weiblichen Jungtieren, und von Ochsen. Mann sollte alle Teile einmal durchprobieren, um herauszufinden, was ihm selbst am besten mundet.

Die Qualität und der Geschmack von Rindfleisch weisen oft gravierende Unterschiede auf. Dabei stammen alle Rinder von einer einzigen Rasse ab – vom Ur- oder Auerochsen. Heute aber ist die Rindfleisch-Vielfalt schier unüberschaubar. Rasse, Herkunft und vor allem die Tierhaltung bestimmen das Ergebnis. Das Fleisch von Rindern aus Intensivmast in engen Ställen, bei der möglichst schnell das Schlachtgewicht erreicht werden soll, kann nicht so gut schmecken wie von Tieren, die langsam reifen dürfen, möglichst abwechslungsreiches Futter bekommen und viel Auslauf haben. Daher ist das Fleisch aus Argentinien so berühmt geworden, weil die Rinder früher in der schier unendlichen Pampa unter freiem Himmel leben und weiden durften. Spezielle Rinderrassen für die Weidehaltung sind Herford und Angus, aber es gibt auch in vielen anderen Ländern Weidehaltung und ausgezeichnete Rinderrassen.

 **Tipp:** *Wichtig ist in jedem Fall, dass das Fleisch gut abgehangen ist und schon zarte Fasern hat. Für Steaks und Roastbeef gilt als Richtschnur eine Reifezeit von rund vier Wochen.*

„Dry aged Beef" – der letzte Schrei

Absolut hip ist derzeit „Dry aged Beef". Was nach neuester kulinarischer Mode klingt, ist aber in Wirklichkeit ein alter Hut. Bis Mitte des 20. Jahrhunderts war die „Trockenreifung" gängiges Metzgerhandwerk. Das Rindfleisch wurde am Knochen in kühlen Kellern ein paar Wochen „abgehangen", um die Fleischfasern mürbe zu machen. Durch den Kontakt mit der feuchten Luft bildete sich ein oberflächlicher Schimmelpilzbewuchs, der das Fleisch nach außen vor Bakterien schützte, sich aber nicht auf das ganze Stück ausbreiten durfte. Dieser Prozess erforderte Sorgfalt und intensive Kontrolle, war also sehr aufwendig.

Später wurde dann die Vakuumreifung erfunden. Ihr Vorteil liegt nicht nur darin, dass die Metzger keine Angst mehr um das Verderben des Fleisches haben müssen – sie ist auch ökonomischer: Fleisch, das in einer Vakuumverpackung im eigenen Saft reift, lässt sich platzsparend stapeln. Vor allem aber verschrumpelt es in den luftdichten Beuteln nicht und sieht immer saftig aus.

Jetzt geht's mit dem „Dry aged"-Verfahren wieder zurück in die Vor-Plastik-Zeit. Drei bis acht Wochen kommen die edlen Stücke in einen Kühlschrank, bis das Fleisch schwarz wie Blutwurst und hart wie Brotkruste ist und drum herum der Schimmel blüht, sodass der Laie den Eindruck hat, dieses gammelige Stück müsse man wirklich wegwerfen. Aber es kommt nicht auf den äußeren Eindruck, sondern auf die inneren Werte an. „Dry aged"-Fans sprechen von unerhörten Geschmackserlebnissen: satt und voll, nach Nuss und Butter. Weil das Volumen während des Eintrocknens schwindet, kostet jedes Gramm ein kleines Vermögen: 70 bis 100 Euro das Kilo. Ja, das Besondere hat eben seinen Preis.

Luxusrinder

Das Wagyu – die Legende

„Wagyu" bedeutet nichts anderes als „japanisches" (Wa-) „Rind" (-gyu). Weil diese japanische Rinderrasse aus der Gegend der Stadt Kobe stammt, wird sie oft auch als Kobe-Rind bezeichnet. Dort wird sie seit Jahrhunderten in einem kleinen Tal zwischen dem Rokko-Gebirge und der Bucht von Osaka gezüchtet.

Ihr Fleisch gilt unter Genießern als einzigartige Delikatesse. Dafür gibt es objektive Gründe: Das Fett ist gleichmäßig in sehr feiner Marmorierung im Muskelfleisch verteilt, also nicht punktuell wie bei anderen Fleischsorten – dadurch ist es besonders zart und saftig im Geschmack. Das Wagyu hat im Vergleich zu anderen Rinderrassen einen 50 % höheren Anteil an ungesättigten Fettsäuren und es darf besonders langsam und artgerecht aufwachsen. Bis zu drei Jahre alt werden die Tiere.

Die märchenhafte Qualität und exklusive Rarität haben aber auch ihren Preis: Ein Kilo Filet vom Wagyu-Rind kann mehrere Hundert Euro kosten. Die Züchter haben sozusagen Fleisch gewordene Goldbarren in ihren Ställen.

Bis heute gilt in Japan ein strenges Ausfuhrverbot für alles, was zum Wagyu gehört. Zu Forschungszwecken gingen Ende des 20. Jahrhunderts jedoch ein paar Proben nach Kalifornien – und seither gibt es das japanische Rind als Nachzucht auf der ganzen Welt. Vor allem in den USA, in Australien, in Kanada – und seit 2006 auch in Deutschland.

Argentinisches Rind – aus den Weiten der Pampa

Es gilt mindestens als das zweitbeste der Welt – wenn es noch auf traditionelle Weise reifen darf und nicht im Schnellverfahren mit Kraftfutter gemästet wird, was leider auch in Argentinien immer häufiger passiert.

In den Weiten der Pampa aber hat jedes Tier im Durchschnitt rund einen Hektar Land zur Verfügung. Unter schier unzähligen Gräsern und Kräutern können sich die Rinder ihren Speiseplan selbst zusammenstellen. Dazu gibt es Quellwasser und frische Luft. Und erst nach zwei Jahren wird geschlachtet. Das Fleisch dieser Rinder hat eine besonders kräftige und natürliche Note und eine feine Fettmarmorierung.

Die wichtigsten Rassen, Black Angus und Hereford – beide kurzbeinig und hornlos –, sind heute auf der ganzen Welt verbreitet. Aber die Haltung ist eben einzigartig. Beinahe 50 Millionen Rinder gibt es in Argentinien – mehr als Einwohner.

American Beef – für echte Cowboys

Im Land des Hamburgers und des Barbecues wird auch hervorragendes Rindfleisch gezüchtet – vor allem in den Weiten des Mittleren Westens. Der zarte und feine Geschmack des Fleisches US-amerikanischer Rinder, die mit speziellen Getreidemischungen gefüttert werden und artgerecht einen weiten Auslauf haben, ist ebenso charakteristisch wie die feine Marmorierung, die auch für die Einteilung der Güteklassen herangezogen wird: Die oberste Qualitätsstufe „Prime" hat die stärkste Marmorierung, dann kommen „Choice" und „Select". Rindfleisch der Klassen „Utility", „Cutter" und „Canner" endet als Hackfleisch oder Wurst.

Bison – eine indianische Delikatesse

Bisonfleisch aus den USA ist seit einigen Jahren ein regelrechter Renner und das zu Recht. Denn Bisons sind Wildtiere, die in den riesigen nährstoffreichen und naturbelassenen Weiten der nordamerikanischen und kanadischen Prärie leben – auf einer Weidefläche, wo die Tiere rund 150 unterschiedliche Kräuter abgrasen können. Diese Freilandhaltung und die natürliche Ernährung der Tiere sind Voraussetzungen für den einzigartigen Geschmack. Bisonfleisch ist nahrhaft, besonders mager und gut verträglich. Neben Proteinen und Vitaminen finden sich im Bisonfleisch besonders viel Eisen, Zink und Selen.

 **Tipp:** *Wichtig für den Grillmeister: Bisonfleisch brät besonders schnell durch, muss dann aber im Vergleich zu Rindfleisch doppelt so lange ruhen.*

Charolais – der französische Klassiker

Die weißen, kräftigen Charolais-Rinder sind im Burgund, einer der zahlreichen Schlemmerregionen Frankreichs, daheim. Neun Monate dürfen sie dort auf saftigen Weiden grasen und sich an vielen Kräutern laben. Das Klima ist ideal für Weiderinder, es gibt viele Niederschläge – wichtig für die Vegetation. Das aromatische, dichte Fleisch ist mager, hat eine hellrote Farbe und zarte, marmorierte Fasern.

Simmentaler – der Aufsteiger

Das beste „Fleisch von der Alm" kommt schwer in Mode. Es handelt sich dabei um das Fleisch des braun-beige gefleckten Rindes, das vorwiegend im Alpenraum gezüchtet wird und ursprünglich aus dem schweizerischen Simmental im Berner Oberland stammt. Jetzt hat das berggängige Rind sogar den Aufstieg auf die Speisekarten von Paris, Monte Carlo und New York geschafft. Der höchstdekorierte Sternekoch der Welt, Alain Ducasse, schwört auf Simmentaler Rindfleisch aus der Normandie. Das Fleisch ist schön marmoriert, von feinen Fasern durchzogen und schmeckt würzig, aromatisch und leicht nussig.

Weidemastochsen – der Geheimtipp

Fast in Vergessenheit geraten ist bei uns das Ochsenfleisch. Dabei ist es besonders schmackhaft, zart und würzig. Ochsen wachsen langsamer als nicht kastrierte Rinder. Deshalb haben sie eine längere Lebenszeit und setzen mehr Fett an, sodass es zu einer deutlich sichtbaren Marmorierung des Muskelfleisches kommt. Das karotinhaltige Gras, das die Weidemastochsen in großer Menge fressen, färbt das Fett gelblich – ein typisches Markenzeichen. Ochsenfleisch enthält viel hochwertige und gesunde Omega-3-Fettsäuren.

 ***Tipp:*** *Gutes, frisches Fleisch von Weidemastochsen gibt es vor allem im Herbst nach dem Weideabtrieb.*

Steaks

Natürlich gibt es Steaks, also zum Grillen oder Kurzbraten geeignete Fleischscheiben, praktisch von jedem Grillgut – Rindersteaks, Kalbssteaks, Schweinesteaks, Lammsteaks, Fischsteaks usw. – die Klassiker unter dem Grillfleisch aber sind eindeutig vom Rind. Die unterschiedlichen Steaks unterscheiden sich vor allem im Fleischzuschnitt und in der Größe.

 *Tipp: Viele Steaks sind mehr oder weniger fein marmoriert oder haben einen Fettrand. Dieses Fett sollte vor dem Grillen in keinem Fall abgeschnitten werden, denn es sorgt dafür, dass das Fleisch aromatisch, zart und saftig wird.*

T-Bone-Steak

Sein Name kommt von der englischen Bezeichnung des T-förmigen Knochens in der Mitte; mit rund 4 cm Dicke und einem Gewicht von etwa 600 g schon ein ordentliches Stück Fleisch. Wegen des geringen Anteils an Bindegewebe muss es nur kurz auf den Grill. Die Fleischscheibe wird aus einem Lendenwirbelknochen, dem flachen Roastbeef und einem kleinen Teil Filet geschnitten.

Porterhouse-Steak

Der Riese unter den Steaks – im Grunde die XXL-Ausgabe des T-Bone-Steaks. Mit seinen mindestens 1.000 g würde es auch für drei Esser reichen – ein echter Kerl verdrückt es auch mal alleine. In England leitet sich sein Name von der Bezeichnung britischer Lastenträger, der „Porter" ab, die für ihre harte Arbeit Energie brauchten. Nach der amerikanischen Version geht er zurück auf Gasthäuser, in denen zu einem Bier mit Namen Porter große Fleischstücke serviert wurden.

Bistecca alla Fiorentina

Das T-Bone-Steak der Toskana, das noch ein paar Gramm drauflegt. Über 1.000 g schwer und bis zu 5 cm dick – damit man es auch hochkant grillen kann! Geschnitten wird es aus dem Roastbeef von heimischen Rindern, vor allem der „Chianina", der ältesten Rinderrasse Italiens, die schon in der Etruskerzeit gezüchtet wurde. Ohne alles – manchmal vielleicht mit einem Hauch Olivenöl – kommt es auf den Holzkohlegrill. Kenner essen es gern blutig mit etwas Butter oder Olivenöl obendrauf.

Rib-Eye-Steak

Sehr saftig und schmackhaft wegen des Fettrings rund um das zarte „Fleischauge". Im Idealfall ist es 2 bis 3 cm dick und 200 g schwer. Es stammt aus der Hochrippe im Rücken des Rinds. In Österreich heißt es auch Rostbraten.

Rumpsteak

Es wird aus dem flachen Roastbeef oder dessen Verlängerung, der Hüfte, geschnitten, ist innen marmoriert und hat in der Regel an der Längsseite einen dicken weißen Rand aus relativ festem Fett. Mit 2 bis 3 cm Dicke ist eine Portion gut 250 g schwer.

Entrecôte

Das Steak aus dem Zwischenrippenstück oder aus der Hochrippe ähnelt dem Rib-Eye-Steak bei der englischen Art der Fleischzerlegung, ist fein marmoriert, hat zum Teil größere Fetteinschlüsse (Fettauge) und ist oft von einem Fettrand umgeben.

Filetsteak

Das zarte Rinderfilet besteht aus Spitze, Mittelstück und Kopf. Das aus Spitze oder Mittelstück geschnittene Medaillon wiegt unter 150 g. Das Chateaubriand ist ein doppelt geschnittenes Steak von ca. 360 g. Kleinere Abschnitte heißen Tournedos oder Filet Mignon.

Das Schwein

Schweinefleisch ist allein schon wegen des günstigen Preises das meistgegessene Fleisch bei uns. Vom Schwein eignet sich zum Grillen besonders Fleisch vom Hals und Nacken, Kotelett und Bauch. Es darf auch ruhig schön marmoriert sein – also von feinen Fettadern durchzogen. Fett ist – man kann es in Zeiten des Magerwahns nicht oft genug sagen – Geschmacksträger. Das Fett hebt den Eigengeschmack des Fleisches hervor und schützt vor Austrocknung, es sorgt dafür, dass das Fleisch besonders zart und saftig wird. Für relativ fette Fleischsorten wie Schweinenacken ist es aber besser, eine Alu-Grillschale zu benutzen, um das austretende Fett aufzufangen.

Spareribs

Als Grillfleisch vom Schwein sehr beliebt sind die Spareribs aus dem Schweinebauch – unter der traditionellen Bezeichnung „Schälrippchen" kennt sie bei uns kein Mensch mehr. Denn die Spareribs-Begeisterung kommt aus den USA. Spareribs zu grillen ist aber etwas zeitaufwendig und erfordert viel Fingerspitzengefühl. Zunächst sollte man die sehnige Haut auf der Knochenseite entfernen und das Fleisch gut marinieren oder zumindest mit Würzmischung einpinseln. Dann die Rippchen schonend garen – das kann bis zu 5 Stunden dauern –, möglichst bei indirekter Hitze. Spareribs eignen sich also nicht für ungeduldige Griller. Erst wenn man das Fleisch mühelos vom Knochen abziehen kann, sind sie gelungen.

Beim US-amerikanischen Barbecue gehören Spareribs unbedingt dazu und im „Smoker-Grill" werden sie auch zart und saftig.

Das Iberico

Diese Rasse von der Iberischen Halbinsel gehört zu den letzten noch in Europa lebenden halbwilden Schweinen mit Weide- und Auslaufhaltung. Die Tiere leben ganzjährig freilaufend in den riesigen Wäldern der spanischen Extremadura, die eine Weidefläche von mehr als 70.000 Hektar hat. Und dort fressen sie alles, was Mutter Natur ihnen serviert: Gerste, Mais und Weizenkörner. Der Clou aber, der für den einzigartigen Geschmack verantwortlich ist, ist die Eichelmast. Zwischen Oktober und März werden die Schweineherden in die Haine der Stein- und Korkeichen in Südwestspanien getrieben und ernähren sich dort nur von den Eicheln und frischen Gräsern. Die Tiere gelten auch als „Olivenbaum auf vier Pfoten", weil das Fleisch reich an ungesättigten Fettsäuren ist. Es schmeckt würzig und nussig und ist bestens geeignet zum Grillen.

Das Geflügel

Eine gute Wahl für Grill-Gourmets, die auf ihre Linie achten möchten, ist Geflügelfleisch, denn das ist besonders mager. Bis auf die Haut – aber gerade die schmeckt ja meist so gut. Wegen des geringen Fettgehalts trocknet das Fleisch schnell aus, wenn man nicht aufpasst. Wer Pute, Huhn & Co. vorher würzig mariniert, bekommt aber keinen trockenen Vogel auf den Teller und das Fleisch schmeckt intensiver, auch wenn es dann mehr Kalorien hat. Besonders aromatisch wird Geflügel, wenn es, wie in Amerika üblich, einen Tag vor dem Grillen in einer Lösung aus Salz, Zucker und Wasser eingelegt wird. Bei dem sogenannten „Brining" saugt sich das Fleisch mit der Flüssigkeit voll und behält sie zum großen Teil auch über der Hitze. Das Geflügel schmeckt so nicht nur saftiger, sondern auch besonders würzig.

Wer ein ganzes Hähnchen grillen will, der sollte einen Drehspieß am Grill haben oder das „Beer Butt Chicken" (S. 99) versuchen. Hühnerbrust und -keulen eignen sich aber auch gut für den Rost. Klopft man die Filets vor dem Grillen etwas platt, garen sie gleichmäßig. Bei Geflügel ist – gerade an heißen Tagen – die Hygiene besonders wichtig. Das Fleisch sollte immer separat gelagert und verarbeitet werden. Frisches gekauftes Geflügel daheim sofort aus der Verpackung nehmen und auf einem Porzellanteller, mit Frischhaltefolie abgedeckt, in den Kühlschrank stellen. Am besten piekst man noch kleine Löcher in die Folie, damit keine Staufeuchtigkeit entsteht, die das Fleisch schneller verderben lässt. Geflügel muss wegen der Salmonellengefahr immer voll durchgegart werden. Im Gegensatz zum Rind kann man das Fleisch anschneiden, um eine Garprobe zu machen.

Das Lamm

Beim Lamm scheiden sich die Geister – wegen des oft intensiven Eigengeschmacks, den nicht jeder mag. Wahre Gourmets aber schätzen das eigenwillige Wildaroma des Fleisches. Je jünger das Lamm ist, desto weniger ausgeprägt ist es natürlich.

Gerade aufgrund des kräftigen Charakters verträgt das Lamm kräftige Gewürze – Rosmarin, Thymian und Knoblauch passen prima dazu. Doch auch mit Aromen aus der asiatischen Küche wie Ingwer, Zitronengras und Chili harmoniert es. Die Briten lieben dazu sogar Minzsauce. Das Fleisch am besten lange in eine würzige Marinade legen und vor dem Grillen trockentupfen.

Bei uns gibt es Lamm ja meist zu Ostern. Rund um das Mittelmeer und vor allem in der türkischen, nordafrikanischen und arabischen Küche sind Lamm und Hammel vom Grill das ganze Jahr über nicht wegzudenken.

Es gibt richtige Schafnationen wie zum Beispiel Neuseeland oder Irland. Dort werden die Schafe ganzjährig freilaufend gehalten. Die raue Seeluft Irlands und der damit verbundene Meersalzgehalt in der Luft machen das Fleisch besonders zart und aromatisch.

Die besten deutschen Lämmer sind die Heidschnucken aus der Lüneburger Heide oder Salzwiesenlämmer von den Deichen an der Küste.

Das Wild

Zurück zu den Wurzeln, kann man da nur sagen. Fleisch von wilden Tieren war ja das erste, was unsere Vorfahren über die Glut gelegt haben. Wildfleisch zu grillen wird bei uns immer beliebter – vor allem im Herbst und rund um die Jahreswende passt das hervorragend, denn Wild hat ein kräftiges Aroma, es ist gesund und mager. Man kann ja mal mit Wildbratwürsten einsteigen und sich dann an einem Reh-, Hirsch- oder Wildschweinsteak versuchen. Auch Kaninchen, Hase oder Fasan lassen sich sehr gut grillen. Vorher in Marinade einlegen, also klassisch beizen, das empfiehlt sich immer.

Und woher kommt das Wild? Am besten direkt von einem Jäger, der das Wildbret fachmännisch abhängen und zerlegen kann.

Das Besondere am Wild ist neben dem Geschmack nach Freiheit und Abenteuer auch sein Nährstoffgehalt. Es hat einen hohen Anteil an ungesättigten Fettsäuren und ist reich an Mineralstoffen und Spurenelementen. Das gilt vor allem für die wirklich frei lebenden Tiere. Denn sie verbringen einen großen Teil ihrer Lebenszeit mit Wanderungen auf der Suche nach Futter. Rothirsche nehmen täglich zwischen acht und 20 Kilogramm Gras, Kräuter, Früchte, Eicheln, Bucheckern, Kastanien, Pilze, Baumrinde, Moos, Flechten, Heidekraut, Knospen und junge Zweige zu sich. Rehe gelten als Feinschmecker unter den Wildtieren. Sie wählen nur bestimmte Kräuter, Früchte oder Beeren.

Wild hingegen, das in Gattern gehalten wird, hat einen höheren Fettgehalt. Auch werden die Tiere mit konventioneller Tiernahrung gefüttert, und das spiegelt sich auch im oft vergleichsweise faden Geschmack des Fleisches wider.

Exotisches Fleisch

Dem Grill ist es egal, welches Fleisch auf ihm gegart wird. Nicht aber dem Menschen. Der Mensch ist ein Gewohnheitstier, heißt es, und: „Was der Bauer nicht kennt, das isst er nicht."

Bei uns sind im Zuge der Globalisierung das Verständnis, die Kenntnis und der Genuss anderer Esskulturen und Essgewohnheiten gewachsen – es gibt in jeder größeren Stadt Spezialitäten-Restaurants mit Fleisch aus allen Winkeln der Erde.

Dennoch bleiben Tabus:

Pferdefleisch ist trotz seiner unbestrittenen Zartheit und Qualität nicht unbedingt ein Renner. Hunde zu grillen, wie in China, ist bei uns absolut verpönt.

In Indien wiederum ist es keine gute Idee, Rindfleisch auf den Grill zu legen, denn Kühe haben dort heiligen Status. Im Übrigen ist es auch in Mitteleuropa erst ein paar Jahrhunderte her, dass Rindfleisch auf den Speiseplan kam. Vorher war es die Ausnahme – Kühe und Ochsen waren als Milchlieferanten und Arbeitstiere zu wertvoll, um sie einfach aufzuessen.

Schlangen, Insekten und ähnliches Gewürm zu grillen und zu essen, erregt bei uns eher Ekel, in Asien sind das beliebte Snacks am Straßenrand, und gesünder und proteinreicher als fette Pommes frites sind sie allemal.

Wer dennoch mal was anderes, was Exotisches ausprobieren will, der kann sich inzwischen so gut wie jedes nur erdenkliche Fleisch bei Händlern im Internet bestellen: vom Känguru über Kamel, Krokodil, Lama, Strauß, Gnu, Springbock, Python, Klapperschlange bis zum Rentier, Elch und Zebra. Ob er den Import aber wirklich braucht, muss jeder für sich selbst entscheiden.

Die Paläo-Diät –
rohes Fleisch für echte Männer

Für wahre Kerle aus echtem Schrot und Korn geht nur noch eines übers Grillen: das Verschlingen von rohem Fleisch. In den USA hat Derek Nance für Aufsehen gesorgt. Seit Jahren isst er ausschließlich rohes Fleisch und entgegen aller Warnungen ist er komplett gesund geblieben. Er putzt sich sogar mit Tierfett die Zähne. Der Grund: Der gelernte Metzger hat das übliche Essen nicht vertragen – rohes Fleisch aber schon.

Auch wenn der Großteil der Menschheit solch eine Diät nicht unbedingt nachmachen möchte, findet sich doch rohes Fleisch in kleineren Mengen auf vielen Speisekarten in aller Welt. Im Folgenden zwei besonders delikate Beispiele.

Beef Tatar

Das ist rohes Hackfleisch vom Rind, bei dem sich die kulinarischen Geister scheiden. Für die einen ist es eine Delikatesse, für die anderen der Rückfall ins Tierreich. Vom gewöhnlichen Hackfleisch unterscheidet es sich erstens durch die Qualität des Fleisches – nur bestes, sehnenfreies und fettarmes Filet wird verwendet – und zweitens durch die feine Konsistenz.

Die schönste Legende über die Entstehung ist die Geschichte von den Tartaren, die rohe Fleischstücke unter ihren Sätteln mürbe geritten und anschließend verzehrt haben sollen. Die bislang älteste bekannte Beschreibung dieser Delikatesse findet sich in dem Buch „Die Lehre von den Freuden der Tafel" des Autors Eugen von Vaerst aus dem Jahr 1851.

Für die in Deutschland übliche Zubereitung wird das gehackte Rindfleisch gesalzen und gepfeffert, portionsweise zu flachen Ballen geformt und in die Mitte eine Vertiefung gedrückt, in die ein rohes Eigelb, feingehackte Zwiebeln und Sardellenfilets sowie Kapern gegeben werden. Vermischt werden die Zutaten dann direkt auf dem Teller. Dazu werden Mixed Pickles und Mischbrot gereicht, eventuell auch Worcestershire- und Tabascosauce oder Weinbrand. In Luxemburg kommen statt der Kapern auch Erbsen hinein.

Dem Tatar ähnliche Gerichte sind Mett aus gewürztem rohen Schweinefleisch und Häckerle aus Salzhering oder Matjes, das auch Matjestatar genannt wird. Lachstatar wird entsprechend aus Graved Lachs, geräuchertem Lachs oder rohem Lachs hergestellt.

Alles unter 400 Gramm ist Carpaccio.

Verfasser unbekannt

Carpaccio

Diese Delikatesse aus rohem Rindfleisch soll Mitte des 20. Jahrhunderts in „Harry's Bar" in Venedig aus der Taufe gehoben worden sein – wenn man der Legende der Wirtsfamilie Glauben schenken will. Die in einer kleinen Seitengasse nahe des Markusplatzes am Canale Grande gelegene Bar wurde nicht zuletzt durch illustre Stammgäste wie Ernest Hemingway, Truman Capote und Orson Welles weltberühmt und verfügt bis heute über eine kleine feine Küche.

Nun zur Entstehungsgeschichte des Carpaccio: Einer Stammkundin, der Contessa Amalia Nani Mocenigo, wurde von ihrem Arzt im Rahmen einer Diät der Fleischverzehr verboten – und zwar in jeglicher gegarten Form. Da kam der findige Wirt Giuseppe Cipriani, Gründer und Chef des Hauses, auf die Idee, rohes Fleisch zu servieren – in Gestalt von hauchdünnen Scheiben feinster gekühlter Rinderlende, dem sogenannten „Contrefilet". Die Scheiben wurden gesalzen, gepfeffert und dann noch einmal gekühlt. Dazu kam die übliche hauseigene Sauce – eine Mischung aus Mayonnaise, Olivenöl, Eigelb, Weißweinessig und etwas Milch für die Bindung. Für den richtigen Pfiff sorgten Senf, Worcestershiresauce, Zitronensaft, Salz und Pfeffer. So weit das Original – heute experimentiert jeder Koch, der etwas auf sich hält, mit eigenen Saucenkreationen – von Albatrüffeln bis zu Parmesan.

Seit dieser Zeit reklamiert so gut wie jedes Gericht, das in hauchdünnen Scheiben, roh oder mariniert, serviert wird, den Begriff Carpaccio für sich – sei es nun Fleisch oder Fisch, Gemüse oder Obst.

Die Brat-
WURST

Wenn es um die Wurst geht, dann sind die Deutschen Weltmeister. Bratwurst, Bier und Sauerkraut – das sind die klassischen kulinarischen Attribute der Deutschen in der Welt.

Auf jedem Volksfest, auf jeder Kirmes, in jeder Imbissbude – überall gibt es hierzulande Bratwürste für den schnellen Hunger zwischendurch. Und rund 90 % der deutschen Grillmeister legen Bratwürste auf den Rost.

Der Name kommt übrigens nicht vom Braten, sondern vom Brät – so nennt man die durch den Wolf gedrehte Fleischmasse. Es müsste also eigentlich Brätwurst heißen.

Welche der rund 50 verschiedenen Sorten, die es allein in Deutschland gibt, man bevorzugt, bleibt dem eigenen Geschmack überlassen. Denn neben der Größe sind es vor allem die Gewürze, die den Bratwürsten ihren Charakter geben. Und hat fast jeder Landstrich seine eigene Mischung, so sind Salz und Pfeffer immer dabei, meist auch Majoran, Kümmel und Piment. Es gibt feine Bratwürste, bei denen die Masse im sogenannten Cutter kleingehäckselt wird, und grobe Bratwürste, bei denen das Brät aus dem Fleischwolf kommt. Es gibt rohe Bratwürste und eine weitaus größere Zahl gebrühter Varianten. Außerdem unterscheiden sie sich in der Größe. Eine Coburger misst bis zu 32 Zentimeter, eine Nürnberger nur sieben bis neun. Die ältesten und berühmtesten Bratwürste kommen aus Thüringen und aus Nürnberg.

Um 700 v. Chr. Homer gibt in der Odyssee (20, 25) erste schriftliche Kunde von der Wurst. Er beschreibt, wie die
alten Griechen die mit Fett und Blut gefüllten
Ziegen- und Schweinemägen auf glühenden
Kohlen rösteten.

1. Jh. v. Chr. Bratwurstrezept im ersten römischen Kochbuch
von Apicius

um 50 Der römische Dichter Petronius berichtet über
„Bratwürste, die auf silbernem Bratwurstrost
rauchten".

1134 Die Erbauer des Regensburger Doms stärken sich
in unmittelbarer Nähe in einer Brotzeithütte –
natürlich mit Bratwürsten. Am Donaustrudel,
gleich neben der Steinernen Brücke steht seit
über 500 Jahren die historische „Wurstkuchl".
Dort ist bis heute vieles beim Alten geblieben:
Der offene Holzkohlegrill, die hausgemachten
Würstl aus purem Hinterschinken vom Schwein,
das Sauerkraut aus dem eigenen Gärkeller und
der bekannte Wurstkuchl-Senf nach dem historischen Rezept von Elsa Schricker.

Anfang 14. Jh. Das Nürnberger „Bratwurstglöcklein" wird an
die Außenmauern der Moritzkapelle gebaut.

1404 „1 gr vor darme czu brotwurstin" – so lautet der
Eintrag über die Ausgabe von 1 Groschen für
Därme zu Bratwürsten in der Propsteirechnung
des Arnstädter Jungfrauenklosters.

1432 Fleischhauerordnung der Weimarer Fleischer –

so etwas wie ein Reinheitsgebot für Brat-, Leber- und andere Würste".

1498 Coburger Bratwurst wird erstmals auf einem Speisezettel des Georgenspitals erwähnt.

1554–1592 Hans IV. Stromer (1517–1592) isst hinter Gittern im Nürnberger Schuldturm fast 28.000 Bratwürste.

1600/1601 Königsberger Riesenbratwurst misst 1005 Ellen (ca. 670 m).

1669 Johann Jacob von Grimmelshausen preist im „Abenteuerlichen Simplicius Simplicissimus" die Thüringer Bratwurst.

1797 Erstes gedrucktes Rezept für Thüringer Rostbratwürste im „Thüringisch-Erfurtischen Kochbuch"

um 1800 Johann Wolfgang von Goethe lässt sich „Bratwürstchen, welche (in Nürnberg) so vorzüglich gut gefertigt werden…, mit Majoran gewürzt und ein wenig geräuchert" mit der Post von Nürnberg nach Weimar schicken.

1943 Herstellung der ersten „OLMA-Bratwurst", einer Kalbsbratwurst in St. Gallen (Schweiz) anlässlich der „Schweizer Messe für Landwirtschaft und Ernährung"

2003 Zuerkennung der geografisch geschützten Angabe „Nürnberger Bratwurst" und „Nürnberger Rostbratwurst" sowie „Thüringer Rostbratwurst" im Amtsblatt der Europäischen Gemeinschaften

2006 Eröffnung des 1. Deutschen Bratwurstmuseums in Holzhausen (Thüringen)

Wer andren eine Bratwurst brät, beißt auch gern selbst hinein.

Verfasser unbekannt

Thüringer Rostbratwurst

Sie kann aus Schwein, Kalb oder Rind gemacht werden – immer wird mit Salz, Pfeffer, Kümmel, Majoran und Knoblauch gewürzt. Als rohe Bratwurst sollte sie noch am Tag der Herstellung zubereitet werden. Die Herkunftsbezeichnung ist mittlerweile geschützt.

Fränkische Bratwurst

Mittelgrobe Bratwurst aus Schweinefleisch mit den klassischen Gewürzen Pfeffer, Piment und Muskat. Bekannte Varianten sind die Polnische Bratwurst, die zusätzlich mit Knoblauch gewürzt wird, und die Münchner Bratwurst. Wird im Dialekt auch als „Zwickte" bezeichnet, weil sie in ein Brötchen eingeklemmt wird. Die berühmteste fränkische Bratwurst ist die Nürnberger Rostbratwurst, die allerdings viel feiner und kleiner ist.

Coburger Bratwurst

Sie enthält mindestens 25 % Kalb- oder Rindfleisch und wird mit Salz, Pfeffer, Muskat und Zitrone gewürzt. Sie ist gröber als z. B. die Nürnberger Bratwurst, wird über Kiefernzapfen bei vollem Feuer auf dem Rost gebraten und in einem halben Doppelbrötchen serviert. Das Brötchen wird dabei nicht in horizontaler, sondern in vertikaler Richtung angeschnitten. Die Länge der Bratwurst bestimmt der Sage nach das „Bratwurstmännla" auf dem Coburger Rathaus, das einen Marschallstab in der rechten Hand hält. 31 cm sollte die Coburger Bratwurst nach ihrem „marschallstäblichen Vorbild" im rohen Zustand haben.

Rote Wurst

Die beliebteste Wurst der Schwaben – heißt deshalb auch oft
die Stuttgarter Rote. Mit feinem Brät und viel Pökelsalz, daher
die Farbe, die beim Grillen noch intensiver wird. Damit die Haut
in der Hitze der Glut nicht platzt, wird sie kunstvoll eingeritzt –
charakteristisch ist der Kreuzschnitt an beiden Wurstenden.

Rheinische Bratwurst

Sehr feines Brät aus Schweine- und Rindfleisch. Zu den Gewürzen kommt noch ein Hühnerei. Sie sollte langsam gegrillt werden.

Böhmische Weinbratwurst

Das ist eine Brühwurst aus Schweinefleisch, Speck und Schwei-
nebacke. Neben den typischen Bratwurstgewürzen wird zusätzlich mit Weißwein verfeinert.

St. Galler Bratwurst

Gilt als die beste der Schweizer Bratwürste. Heißt auch OLMA-
Bratwurst und besteht aus einem Gemisch aus Schweine- und
Kalbfleisch, Speck, Milch und Gewürzen. Wird ohne Senf serviert,
darauf legen die St. Galler Wert.

Currywurst

Nicht jede Currywurst ist für den Grill geeignet – die Ur-Currywurst aus Berlin ist eine Brühwurst, die nicht auf den Grill kommt. Im Ruhrgebiet und seiner Umgebung wird Currywurst aus Bratwurst hergestellt und kräftig gewürzt. Für die Schärfe in der Currysauce sorgt Cayennepfeffer.

Italienische Bratwurst – auch Salsiccia genannt

Bratwurst-Grundbrät aus Schweinefleisch und Schweinebauch, gewürzt mit Salz, weißem Pfeffer und Fenchelsamen. Typisch mediterran eben.

Cevapcici

Ein Markenzeichen des Balkans mit einem unverwechselbaren Geschmack nach Salz, Bohnenkraut, Pfeffer, Paprikapulver, Knoblauch und Bockshornklee. Ursprünglich nur aus Rindfleisch, inzwischen auch in den Varianten Schwein oder Schaf. In Imbissbuden werden Cevapcici meist in einem Fladenbrot nach Bauernart, der Lepinja, serviert.

Merguez

Wird in Frankreich gern gegessen – ist aber marokkanischen Ursprungs. Sie besteht traditionell aus Lammfleisch, wird jedoch auch mit bis zu 50 % Rindfleisch angeboten. Die Merguez wird sehr scharf gewürzt: mit Chili, Kumin, Koriander, Knoblauch und Rosmarin – manchmal auch mit etwas Zimt und Minze.

Die Gewürze der Bratwurst

Salz

Salz ist das älteste Würzmittel und wohl auch das meistgebrauchte der Welt. Der Satz „Ohne Salz kein Leben" ist keineswegs übertrieben. Für die Vitalität und Funktionsfähigkeit unseres Körpers sind Mineralstoffe unverzichtbar.

Pfeffer

Im Zuge der großen Entdeckungen im 15. Jahrhundert konnte man weitere, durch den Gewürzhandel mit Übersee erschwinglich gewordene Bratwurstgewürze nutzen. Dazu gehörte der Pfeffer. Er musste bis dahin aus Indien auf dem Landweg nach Europa transportiert werden und war deshalb von beträchtlichem Wert. Mit seiner Hilfe ließen sich Lebensmittel lange haltbar machen. Außerdem diente er als Heilmittel. Besonders beliebt ist der Schwarze Pfeffer („Piper nigrum"). Die wichtigsten Anbauländer sind heute Indien, Indonesien, Malaysia und Brasilien. Auf 365.000 Hektar werden ca. 200.000 Tonnen weltweit im Jahr produziert.

Kardamom

„Elettaria cardamomum" stammt aus Süd-Indien, Sri Lanka und Malaysia. Er war bereits den Griechen und Römern bekannt, soll blähungstreibend und magenstärkend sein und sollte wegen seiner Schärfe in geringen Mengen dosiert werden. In der europäischen Küche findet er Verwendung bei Weihnachtsgebäck wie Lebkuchen und Spekulatius, aber auch in Wurstwaren, Likören und als Bestandteil von Gewürzmischungen.

Wurst ist eine Götterspeise. Denn nur Gott weiß, was drin ist.

Jean Paul

Muskat

Muskatblüten (Macis, lateinisch: „Mysticafragans") stammen von den Molukken. Bekannt wurden sie, nachdem die Portugiesen die Gewürzinseln 1512 entdeckt hatten. Muskatblüte nennt man die getrocknete rote Samenhülle der Muskatnuss, die heute aus Indien, Indonesien und Sri Lanka importiert wird. Hat man die Muskatnuss vom Fruchtfleisch befreit, wird vorsichtig die Samenhülle gelöst und getrocknet. Auf 400 Kilogramm Muskatnuss fällt ein Kilogramm Muskatblüte an. Sie gilt deshalb als wertvolles Gewürz, ist milder als die Muskatnuss und rundet den Geschmack fast jeder Bratwurst ab.

Piment

Die Heimat des Pimentbaumes („Pimenta dioica") ist Westindien. Für die europäische Küche entdeckt hat ihn Christoph Kolumbus, der ihm auch den Namen gab, auf den Antillen. Bis heute ist das Hauptanbaugebiet Jamaika, von wo rund zwei Drittel der Welternte stammen. Wegen seines Aromas, das an eine Mischung aus Nelke, Zimt und Muskat erinnert, wird der Piment auch als Nelkenpfeffer bezeichnet. Pimentöl soll Koliken und Blähungen lindern. Zum Würzen der Bratwurst kann man gemahlene Pimentkörner verwenden.

Knoblauch

Als Gewürz- und Heilpflanze mit vielseitig positiven Wirkungen gelangte Knoblauch („Allium sativum") aus den Steppengebieten Zentral- und Südasiens über das Mittelmeer nach Europa. Schon im Altertum, bei den Ägyptern, Griechen und Römern, war er als Würz- und Heilpflanze bekannt. In die Region des heutigen Deutschlands gelangte der Knoblauch höchstwahrscheinlich durch die vordringenden Römer und wurde dann recht bald in Klöstern kultiviert. Knoblauch sättigt den Körper, gibt dem Geist Klarheit, stärkt die Manneskraft, soll aphrodisierend wirken und kann als Bratwurstgewürz beigegeben werden.

Kümmel

„Carum carvi" zählt zu den ältesten bekannten Gewürzen und wurde bei Ausgrabungen schon in 5.000 Jahre alten Pfahlbauten entdeckt. Die älteste schriftliche Nennung enthält die Landgüterordnung Kaiser Karls des Großen aus der Zeit um 800. Kümmel enthält ätherische Öle, Gerbstoffe und Vitamin C, wird zu schweren Speisen gereicht, denn er wirkt verdauungsfördernd. Als Bratwurstgewürz findet er ganz oder gemahlen Verwendung.

Majoran

„Origanum majorana" ist eine wichtige Gewürzpflanze, die nach ihrer häufigsten Verwendung auch „Wurstkraut" genannt wird. Majoran enthält einen hohen Anteil an ätherischen Ölen und zählt mit 500 bis 600 Hektar Anbaufläche neben der Blattpetersilie zu den bedeutendsten in Deutschland kultivierten Gewürzpflanzen. Der Schwerpunkt des Majorananbaus liegt nördlich des Harzes in der Gegend um Aschersleben. Als sehr beliebtes Gewürz wird der Majoran, der ursprünglich aus Kleinasien stammt, auch in den Mittelmeerländern, in Mittel- und Osteuropa angebaut.

Das Grill-
HENDL

Manche Hähne glauben, dass die Sonne ihretwegen aufgeht.

Theodor Fontane

Es gilt als das beliebteste Tier hierzulande: das Grillhähnchen, auch Grillhendl oder Broiler genannt. Seit dem 19. Jahrhundert steht es auf der Hitliste der kulinarischen Köstlichkeiten aus der schnellen Küche.

Die mobilen Hendlbrater, die Broilerstationen, sind von unseren Supermarkt-Parkplätzen nicht mehr wegzudenken. Und wohl den meisten von uns wird es schwerfallen, an einem Stand mit saftigen gegrillten Hähnchen einfach vorbeizugehen und den verführerischen Bratenduft zu ignorieren, der einem das Wasser im Munde zusammenlaufen lässt. Man darf der Fleischeslust auch nachgeben, denn im Kern ist so ein Grillhähnchen sehr gesund: Es enthält viel Eiweiß, aber wenig Kalorien. Aber das bezieht sich nur auf das zarte weiße Fleisch und auf nicht die knusprige Hendlhaut – die ist nämlich sehr fett- und entsprechend kalorienreich.

Das Grillhuhn ist nicht nur bei uns, sondern weltweit ein Schlager. In Peru etwa ist ihm ein ganzer Feiertag gewidmet: Am dritten Sonntag im Juli, dem Tag des peruanischen Grillhähnchens, bevölkern die Menschen im ganzen Land die Bratereien und verputzen bis zu zwei Millionen „Pollos a la brasa".

Die Beliebtheit des Grillhendls hat natürlich auch ihren Preis. Bei uns liegt der Pro-Kopf-Verbrauch bei über 11 kg Geflügelfleisch pro Jahr – natürlich nicht nur in gegrillter Form. Da liegt die Massentierhaltung nicht fern und damit verbunden die Frage nach der Qualität des Fleisches. Nicht zu vergessen sind in diesem Zusammenhang auch die berühmten „Flugenten", die tiefgefroren von weither kommen – mit oft ungewissem Ursprung. Nicht jedermanns Sache sind auch die viel diskutierten amerikanischen „Chlorhähnchen", also in Chlorwasser keimfrei gemachtes Geflügel.

Wer selbst grillt, sollte sich ein Huhn seines Vertrauens suchen und möglichst wissen, woher es kommt und wie es gehalten wurde. Gaumen und Magen werden dankbar dafür sein. In jedem Fall gilt: Für ein gutes Grillhendl sollte man ein frisches Huhn verwenden – keine Tiefkühlware. Ein echtes Grillhendl ist immer jung und saftig, denn es wird noch vor der Geschlechtsreife, ungefähr 33 Tage nach dem Schlüpfen, geschlachtet.

Am besten gart so ein Grillhendl am Spieß, der sich ganz langsam vor oder über dem Grill dreht wie in den professionellen Grillstationen. Aber wer hat schon einen Grill mit Motorantrieb?

Eine wirklich coole und schmackhafte Alternative ist daher

Das „Beer Butt Chicken"

Das sogenannte Bierdosenhähnchen – auch besoffenes Grill-hendl genannt – ist kein Griller-Latein für Angeber. Wenn man es richtig macht, funktioniert es tatsächlich. Zugegeben, es gibt auch spezielle Hähnchenhalter zu kaufen – aber welcher „Natural Born Griller" braucht denn so etwas?

Und so geht's: In das ausgenommene Hähnchen steckt man eine offene, nur noch halb gefüllte Bierdose. Die Halsöffnung wird entweder zugebunden oder mit einer Kartoffel zugestopft. Dann setzt man das Hähnchen auf einen Grill, der mit einem Deckel verschlossen wird, damit die Röst- und Räucheraromen von allen Seiten einwirken können.

Bitte nur eine 0,33 l-Dose verwenden, halb gefüllt deshalb, weil sich das Bier und die Dose in der Hitze ausdehnen. Auf keinen Fall eine geschlossen Bierdose nehmen, denn die würde es zerreißen und das Hendl mit ihr. Vielmehr sollte der Dosendeckel nicht nur vom Verschluss befreit, sondern zusätzlich auch mehrfach perforiert sein, damit der Dampf gut entweichen kann.

Durch die Dose bleibt das Hähnchen erstens in Form und zweitens wird das Fleisch durch das langsam verdunstende Bier schön saftig. Außerdem bekommt es noch ein ganz feines Hopfen- und Malzaroma. Das passt hervorragend zusammen. Hendl und Bier gehen schließlich nicht nur auf dem Münchner Oktoberfest, der größten Hendlbraterei der Welt, eine unvergleichliche olfaktorische Verbindung ein, sondern auf vielen Rummelplätzen und Volksfesten.

Die Biermarke ist prinzipiell egal. Und natürlich lässt sich das saftige Dosen-Hähnchen auch mit Wasser, Limonade oder Schorle garen, wenn man kein Bier mag. In jedem Fall empfiehlt es sich, in die Flüssigkeit noch eine Grillgewürz-Mischung zu geben – und da sind der Fantasie keine Grenzen gesetzt.

Auch für die äußere Haut des Hähnchens sollte etwas getan werden. Das Ziel ist – wie beim Strandurlaub – eine schöne knusprige Bräune. Und dazu ein herzhafter, würziger Geschmack beim Reinbeißen. Dazu empfiehlt es sich, der Haut ein schönes Kleid aus Marinade anzulegen. Die Alternative ist der „Dry Rub" – eine trockene Gewürzmischung, die vor der Zubereitung zweimal sanft in die Haut einmassiert wird, und zwar bitte nicht erst kurz vorher, denn die Haut und die Gewürze müssen sich erst kennen und verbinden lernen.

In jedem Fall sollte das Hähnchen während des Grillens immer wieder mit Marinade, Öl oder Butter bestrichen werden, wenn man eine krosse, würzige Hülle haben will. Auch Bier soll ja eine schöne Haut machen, wenn man darin badet. Der Clou zum Schluss ist ein Schuss Honig. Aufpassen, dass keine Marinade in die Kohlen tropft, um offene Flammen zu vermeiden.

Die ideale Grilltemperatur liegt bei ca. 160 °C. Dann braucht das „Beer Butt Chicken" eine gute Stunde, bis es à point gar ist.

FISCH

und Meer

Fisch auf dem Grill ist im Kommen – und dabei doch nichts wirklich Neues. Gegrillter Fisch ist wahrscheinlich genauso alt wie das Grillfleisch. Einen selbst geangelten Fisch am Lagerfeuer vor dem Campingzelt über die Glut zu halten, das ist also auch echtes Steinzeitfeeling.

Rund ums Mittelmeer gehört der mit Knoblauch und Gewürzen gegrillte Fisch zu den kulinarischen Höhepunkten, die auch Nordeuropäer zu schätzen wissen. An heißen Hochsommertagen stellt sich daher auch bei uns südliche Leichtigkeit ein, wenn uns der Duft von Goldbrasse oder Seezunge die Nase kitzelt. Bei Hitze ist Fisch die richtige Speise, denn er ist leicht bekömmlich und außerdem gesund. Das gilt auch für alle Arten von Meeresfrüchten.

Welcher Fisch kommt auf den Grill?

Im Prinzip kann jeder Fisch auf den Grill – als Ganzes oder als Filet. Fettreiche Fische sind allerdings besser geeignet, denn sie trocknen nicht so schnell aus.

Klassiker sind alle Forellenarten, dazu Makrelen, Brassen, Rotbarben, Doraden, Seezungen, Hering oder Sardinen. Als Filet oder als Tranche geeignet sind Lachs, Schwertfisch, Seebarsch sowie Thunfisch. Ganze Fische mit Haut und Gräten eignen sich besonders gut, da sie beim Grillen und Wenden nicht so leicht auseinanderfallen.

Je frischer der Fisch, desto besser. Am frischesten ist sicherlich der Fisch, den man selbst gefangen hat und der dann gleich auf den Grill kommt.

Fangfrischen Fisch aus Meer, See oder Fluss gibt es natürlich auch im Handel, idealerweise beim Fischhändler, bei dem man sich das geeignete Exemplar im Bassin aussucht. Wildfang ist sehr aromatisch und hat festes Muskelfleisch. Die meisten Fische stammen heute allerdings aus Aquakulturen, also aus Fischzuchten, und da gibt es erhebliche qualitative Unterschiede.

In jedem Fall gilt: Fisch ist frisch, wenn seine Haut feucht und silbrig glänzt. Die Augen müssen klar und prall sein und sollten ebenfalls glänzen. Die Kiemen müssen hellrot sein und fest anliegen; die Schleimhaut glatt und nicht schmierig. Frischer Fisch riecht auch nicht unangenehm, sondern transportiert das frische Aroma seines Lebensraums Wasser.

Den Fisch beim Heimkommen sofort in den Kühlschrank legen und am besten noch am selben oder nächsten Tag zubereiten.

Wie wird Fisch am besten gegrillt?

Die oberste Fisch-Grillregel lautet: Der Rost muss mit großem Abstand über der Glut hängen, damit der Fisch nicht verbrennt, sondern langsam durchgart.

Fisch sollte man nicht einfach auf den Grillrost werfen wie Würstchen oder Steaks – er braucht besondere Zuwendung. Gerade wenn Fisch direkt und offen gegrillt wird, eignen sich dafür vor allem fettreichere und festere Sorten wie Makrele, Hering und Lachs. In jedem Fall sollte der Fisch zuvor sorgfältig mit Öl eingepinselt sein, damit er nicht am Rost haftet. Am besten ist für Fisch ein Kugelgrill geeignet – da lassen sich Fischfilets auch mit weniger festem Fleisch bei direkter Hitze mit geschlossenem Deckel langsam weich grillen.

Lachs verliert beim Grillen viel Saft, die Hitze braucht auch nicht so stark zu sein wie bei Steaks oder Würstchen, denn das Fischfleisch ist viel weicher. Wenn der Fisch leicht rosa ist und sich die Poren an der Oberfläche etwas geöffnet haben, ist der Lachs fertig.

Ein Klassiker ist das Garen in Alufolie oder in der Grillschale – da kann man dem Fisch ein wunderbares Kräuter- oder Gemüsebett bereiten, das ihm beim langsamen Grillen besonderes Aroma verleiht. Zum Fisch passen Kräuter wie Estragon, Dill, Fenchel, Petersilie, Oregano, Basilikum, Thymian, Kerbel, Koriander, Zitronengras. Aber auch Knoblauch, Chili, Ingwer, Senf, Zitrone und Weißwein harmonieren gut mit ihm. Für das Garen in der Aluschale oder im Fischkorb gilt ebenfalls der Grundsatz: reichlich mit Öl bepinseln. Ganze Fische am besten im Fischgitter garen, das hält das Fleisch fest zusammen und erleichtert das Wenden. Eine raffinierte Variante ist es, den Fisch in Weinblätter oder blanchierte Wirsingblätter zu wickeln.

Grillen auf dem Holzbrett ist für jeden Fisch, aber besonders für Lachs eine exzellente Garmethode, meint der US-Grill-Star Jamie Purviance: Man nimmt ein etwa einen Zentimeter dickes Brett aus unbehandeltem Zedernholz, weicht es eine Stunde in Wasser ein, legt ein großes Lachsfilet am Stück oder in Teilen mit der Hautseite nach unten auf das Brett, trägt etwas Öl auf und stellt das Ganze dann bei mittlerer Hitze auf den Grill. Bei geschlossenem Deckel wird der Lachs von dem Rauch, den das Zedernholz über der Glut entwickelt, sanft geräuchert und ist später unvergleichlich aromatisch und zart.

Fisch richtig marinieren

Zartere Fische wie Forellen, Brassen und Barben eignen sich gut zum Marinieren. Im Gegensatz zum Fleisch darf Fisch nicht zu lange in der Marinade bleiben, weil das Fischfleisch sonst zu sehr aufweicht und dann leicht zerfällt. Auch Zitronensäure setzt ihm zu – lieber weglassen.

Beim Grillen dagegen sollte der Fisch immer wieder mit Marinade oder Öl bepinselt werden, damit er nicht austrocknet. Als Basis der Marinaden dienen Öl, Essig, Wein oder Sojasauce. Bei den Kräutern und Gewürzen sind der Fantasie dann keine Grenzen gesetzt.

 **Ganz wichtig:** *Vor dem Grillen sollte die Marinade unbedingt mit einem Küchentuch vom Fisch getupft werden.*

Steckerlfisch

Steckerlfisch ist eine Spezialität aus dem bayerischen und öster-reichischen Alpenvorland. Dort findet man ihn in Biergärten und auf Volksfesten. Den wohl berühmtesten Steckerlfisch gibt es auf dem Münchner Oktoberfest in einem Bierzelt mit dem be-zeichnenden Namen „Fischer-Vroni", vor dessen Eingang Hun-derte von Fischen über der heißen Glut garen – ein Bild, das auch viele Schaulustige anzieht.

Traditionell wurde Steckerlfisch mit Renken, Weißfischen oder Brachsen (Karpfenfisch) aus heimischen Gewässern zubereitet, heute nimmt man auch Zuchtfische wie Forellen und Saiblinge sowie Makrelen und andere Seefische.

Die Fische werden der Länge nach vom Maul her auf etwa 60 cm lange, entrindete Weidenzweige oder gewässerte Holz-stäbe gespießt und während der Garzeit immer wieder mit der Marinade oder Butter bepinselt, das macht die Haut knusprig und lecker.

Gegessen wird der Steckerlfisch ganz rustikal – auf dem Papier, in das er nach dem Grillen eingewickelt wurde. Schlichte Beilagen sind Brezeln oder Semmeln.

Fischwürstl

Ein besonderes Schmankerl, vor allem an den Ufern großer Flüsse wie der Donau, sind die Fischwürstl. Inzwischen kann sie jeder auch über den Versandhandel beziehen. Und man sollte sie unbedingt mal probieren. Schon der frühromantische Dichter Jean Paul hat dem Fischwürstl neben zeitgenössischen Leckereien wie dem „Hoppelpoppel" oder „Schnepfendreck" ein literarisch-kulinarisches Denkmal gesetzt:

„So suchen die armen Kartäuser, denen Fleisch [während der Fastenzeit] verboten ist, folglich auch Würste, sich damit etwas weiszumachen, dass sie Fische in Schweindärme füllen und dann laut von Würsten reden und speisen."

Als Grundlage dienen Weißfische wie Brachsen, Ruten oder Nase mit vielen kleinen Gräten, die einem den ungestörten Fischgenuss verleiden. Deswegen werden die Filets mitsamt den Gräten durch einen Fleischwolf gedreht und so klein gehäckselt, dass man sie im Gaumen nicht mehr spürt. Ins Fischbrät kommen dann noch durchgedrehtes Gemüse, in Milch eingeweichtes Weißbrot und pikante Gewürze wie Anis, Chili, Paprika etc. Die Würstl werden geformt, in Semmelbröseln oder Paniermehl gewendet und gegrillt. Als Beilage passt dazu am besten Kartoffelsalat.

Die Früchte des Meeres auf den Grill

Neben Fisch lassen sich auch Meeresfrüchte gut und schmackhaft grillen. Beliebt sind vor allem Krustentiere, die Eiweißbomben aus der Tiefsee.

Garnelen kommen – je nach Größe – entweder einzeln oder auf Spieße gesteckt auf den Grill. Das geht mit und ohne Schale – ungeschält bleiben sie saftiger, da die Schale das zarte Fleisch vor dem Austrocknen schützt.

Größere Krustentiere wie **Langusten** oder **Hummer** am besten immer mit der Schale grillen. Vorher halbieren und bei direkter mittlerer Hitze zunächst kurz mit der Fleischseite nach unten angrillen, dann auf der Schale fertiggaren.

Tintenfische eignen sich ebenfalls sehr gut zum Grillen. Sie können sowohl im Ganzen als auch in Ringen auf bunt gemischten Spießen gegrillt werden. Selbst Miesmuscheln, Austern oder Jakobsmuscheln entwickeln auf dem Grill ein ganz besonderes Aroma.

VEGGIE-
burger & Co.

Grillen ohne Fleisch? „Undenkbar", sagen die einen.
Grillen mit Fleisch? „Undenkbar", sagen die anderen.

Bei der Frage nach dem rechten Grillgut tobt an vielen Grills ein regelrechter Glaubenskrieg zwischen Fleischessern und Vegetariern.

Radikale Standpunkte werden vertreten und sind natürlich Unsinn – wie alle fundamentalistischen Konflikte. Vielmehr kam übers Feuer immer schon alles, was essbar und schmackhaft war, also natürlich auch Gemüse, Obst und sonstige vegetarische Genüsse. Wer kennt nicht die wunderbar mit wenig Öl und mediterranen Gewürzen gegrillten Zucchini oder Auberginen aus der italienischen Küche?

Warum sollte man sich also nicht in friedlicher Koexistenz versuchen und sich einfach vom guten Geschmack leiten lassen? Dazu braucht es allerdings einen Grill, der groß genug ist, um das Grillgut schön zu trennen, oder auch zwei kleine Grills – einen für Fleisch, den anderen für Vegetarisches. Das lohnt sich und jeder sollte es ausprobieren, denn durch die Einflüsse der Weltküche und durch findige Grillenthusiasten gibt es beim vegetarischen Grillen heutzutage eine schier unglaubliche Vielfalt – sowohl der Gemüserezepte als auch der Fleischersatz-Produkte.

 **Tipp:** *Zum vegetarischen Grillen ist keine Turbohitze notwendig. Lieber weniger heiß und dafür etwas länger – so lautet hier die Devise.*

Gemüse

Im Gegensatz zum Fleisch kann vegetarisches Grillgut fast immer auch roh verzehrt werden. Das gilt im Besonderen für das Gemüse. Auf dem Grill sollte es immer etwas Biss behalten. Also nie zu lange garen, dann bleiben auch die wertvollen Inhaltsstoffe erhalten. Gegrillt wird Gemüse hauptsächlich wegen der Röstaromen, nicht um es genießbar zu machen. Beim Grillen wird der Eigengeschmack intensiver, weil ein Teil der Flüssigkeit verdampft; Fruchtzucker wird karamellisiert, deshalb schmeckt das Gemüse süßer als gewöhnlich.

Auf den Grill darf so gut wie jedes Gemüse: Pilze, Zucchini, Fenchel, Paprika, Kirschtomaten und Auberginen, aber auch Spargel. Bei bunten Spießen darauf achten, dass die unterschiedlichen Sorten eine ähnlich lange Garzeit haben. Festere Sorten wie Kohlrabi, Fenchel oder Blumenkohl am besten ein wenig vorgaren. Gemüse kann direkt auf den Grill kommen oder in Alufolie bzw. in der Grillschale. Immer gut einölen, damit nichts festklebt. Marinieren beugt dem Austrocknen des Grillgutes vor, das Aroma wird würziger und der Geschmack abgerundet.

Folienkartoffeln gelingen am besten mit festkochenden Sorten. Die gründlich gesäuberten Knollen mit der Gabel mehrmals einstechen, dann roh mit Öl und Gewürzen fest in Alufolie einwickeln. Man kann sie auf den Grillrost, aber auch direkt in die Glut legen. Die verkohlte Schale muss vor dem Verzehr natürlich entfernt werden. Die Kartoffel schmeckt mit Schnittlauchquark, Schmand, gewürztem Frischkäse oder einfach nur mit Butter und Salz.

Maiskolben sind ein weiterer sehr beliebter Grillgenuss. Zubereitung ähnlich wie bei Folienkartoffeln. Auch hier darauf achten, die Kolben nicht zu lange der größten Hitze auszusetzen, besser am Rand noch etwas durchziehen lassen. Danach mit Butter bestreichen und mit Salz würzen. Mit je einem Zahnstocher an den abgeschnittenen Enden als Halterung knabbern sich die Körner leicht aus dem Kolben und man verbrennt sich nicht die Finger.

Gefülltes Gemüse ist schon gehobene Grillküche. Tomaten, Zucchini, Paprika und Gurken sind dafür besonders geeignet. In die ausgehöhlten Früchte kann Quark, Schmand oder Frischkäse kommen – verfeinert mit würzigen Kräutern, fein gehackten Zwiebeln und Paprika. Reis, Hülsenfrüchte, Getreide machen die Füllung richtig nahrhaft. „Jalapeños" sind perfekt, wenn es einem beim Grillen nicht heiß genug sein kann. Denn so klein diese Paprikaschoten aus der mexikanischen Region um Jalapa auch sind, ihre Schärfe ist legendär. Mit einer gut gewürzten Frischkäse-Füllung lässt sich das höllische Capsaicin aber bändigen. Falls der Grill einen Deckel hat, schließt man ihn am besten, damit der Käse zerlaufen und die Paprikas weich garen können.

Paprika kann man auch direkt in die Glut legen wie Kartoffeln. Die äußere Haut verkohlt zwar, sie bildet dabei aber auch die Schutzschicht für das zarte Innere. Ist sie außen schön schwarz, aus dem Feuer nehmen und in kaltes Wasser werfen. Dann lässt sich die Haut wunderbar abziehen und das zartrote Fruchtfleisch tritt zutage.

Tofu

Tofu ist ein Art Quark – allerdings nicht aus Milch, sondern aus einer milchigen Flüssigkeit, die aus gekochten und gepressten Sojabohnen gewonnen wird. Mit Salz oder Zitronensäure vermischt, gerinnt sie ähnlich wie bei der Käseherstellung und wird zum festen Tofu, den wir bei uns kennen. In Asien, wo Tofu seit über 2.000 Jahren zu den Grundnahrungsmitteln gehört, gibt es die unterschiedlichsten Konsistenzen – vom festen über den sogenannten Baumwoll- bis hin zum feinen geleeartigen Seidentofu, der für süße Nachtische verwendet wird.

Tofu hat kaum Eigengeschmack und ist daher ein regelrechtes kulinarisches Chamäleon, das sich in vielerlei Aromen hüllen kann. Die kluge Würze macht Tofu also erst zum Geschmackserlebnis – und die sollte für den Grill kräftig sein. Dafür sorgen Sojasauce und Marinaden. Je nach Laune schmeckt Tofu dann asiatisch oder mediterran, orientalisch oder heimisch. Ein paar Stunden sollte das Aroma aber schon einziehen dürfen.

Für ungeduldige Griller gibt es im Handel eine ganze Vielfalt schon fertig gewürzter vegetarischer Würstchen, Frikadellen, Steaks, Burger usw. aus Tofu. Die schmecken nicht nur gut und herzhaft, sie sind auch gesund. Denn Tofu ist sehr proteinreich und cholesterinarm.

Seitan

Ein Weizeneiweißteig, der in China seine Heimat hat. Der wird so lange geknetet, bis die Stärke ausgewaschen ist und eine elastische glutenreiche Masse zurückbleibt. Entsprechend gewürzt, lässt sich daraus alles machen – von der Bolognese-Sauce bis zum Schnitzel. Es ist leicht verdaulich, enthält kaum Fett und überhaupt kein Cholesterin, dafür aber viel Eiweiß, das in der vegetarischen Küche sonst oft zu kurz kommt.

Tempeh

Stammt aus Indonesien, sieht aus wie Kuchen und ist ein Mix aus ganzen Sojabohnen, die mit Edelschimmel reifen. Dadurch ist Tempeh deutlich würziger als Tofu, aber ähnlich gesund. So enthält er neben Ballaststoffen auch viel Eiweiß und ist sehr gut verträglich. Auf dem Grill kommt diese Sojabohnenspezialität unserem traditionellen Käse schon sehr nahe.

Grillkäse

Halloumi heißt die Käsespezialität aus Zypern, die sich gut grillen lässt. Es ist ein halbfester Schnittkäse aus Ziegen-, Schaf- und Kuhmilch. Charakteristisch sind die Einschlüsse von frischen Minzblättern. Vor dem Grillen in gewürztem Olivenöl wenden, mit Salat oder gegrilltem Gemüse servieren. Feta wird mit Olivenöl und vielen Kräutern wie Rosmarin, Thymian, Salbei, Oregano in der Alufolie richtig schön würzig. Weichkäse wie Camembert und Brie, Rotschimmelkäse, aber auch Mozzarella brauchen eine Schutzhülle, denn vor zu großer Hitze laufen sie davon. Die vegetarische Alternative zur Alufolie sind große Blätter von Spinat, Mangold, Kohl oder Salat, die mit einem Zahnstocher fixiert werden.

Dips und
SAUCEN

Pimp your Meat: Saucen sind das schmackhafte, würzige Tüpfelchen auf dem Grillgut. Natürlich gibt es längst Fertigsaucen in allen erdenklichen Geschmacksrichtungen. Der wahre Grillmeister aber mixt sich seine Saucen selber. Und zwar ohne Stress schon am Tag vorher – im Kühlschrank halten die meisten davon sogar ein paar Tage. Selbst gemachte Grillsaucen schmecken meist nicht nur viel besser – sie haben den großen Vorteil, dass man genau weiß, was drin ist! Der Kreativität sind da keine Grenzen gesetzt. Aber es gibt natürlich Klassiker, die einfach dazugehören. Hier als Anregung eine kleine Liste möglicher Dips.

Ketchup

Die Grundsauce besteht aus Tomaten, Salz, Zucker, Essig, Zwiebeln, Knoblauch und Gewürzen. Und weil die Tomaten die Basis sind, sollten sie möglichst reif und aromatisch sein. Alle Zutaten klein schneiden und rund eine Dreiviertelstunde köcheln lassen. Die Masse dann durch ein Sieb streichen, und fertig ist die Grundsauce. Diese nun weiter reduzieren, bis sie die gewünschte Konsistenz hat. Mit den Gewürzen abschmecken und in heiß gespülte Flaschen füllen, die gleich verschlossen werden.

Woher Ketchup stammt, das verliert sich im rauchigen Dunst der Küchen-Geschichte. Am schönsten scheint die Erklärung, dass es auf die würzige altchinesische Fischsauce „Ketsiap" zurückgeht. Ende des 17. Jahrhunderts wurde die Tomatensauce in England als „High East-India Sauce" bezeichnet. Aber erst das Ketchup „Made in USA" machte die Tomatensauce weltweit bekannt.

Es gibt davon unzählige Varianten in den sogenannten Gewürzketchups: mit Gewürznelken, Cayennepfeffer, Muskatnuss, Zimt und Piment, Chili, Paprika, Ingwer, Senfkörnern, Sellerie, Meerrettich, braunem Zucker usw.

Auf dem Vormarsch sind milde und scharfe Curryketchups in verschiedenen Mischungen – nicht nur als Beilage zur Bratwurst, die dann Currywurst heißt.

Und wem das immer noch nicht scharf genug ist, der mixt sich halt aus dem Basisketchup und den kleinen roten Schoten ein Chiliketchup.

Barbecue Sauce

In den USA liebt man süßliche Grillsauce. Der typische und beliebte süße Geschmack der Südstaaten kommt von Zucker, Honig, Melasse, aber auch von Cola! Das wird so lange geköchelt, bis eine sirupartige Konsistenz erreicht ist. Rund um Alabama gibt es die sogenannte „Alabama-White-Sauce" auf Mayonnaisebasis. In South-Carolina wird eine Essig-Senf-Sauce bevorzugt, die als „South-Carolina-Mustard-Sauce" bekannt ist. Basis sind wieder Tomatenmark und die üblichen Zugaben wie Zwiebeln, Essig, Senf, Salz, Pfeffer etc. Auch Worcestershiresauce wird gern dazugegeben. Wer den Geschmack von Freiheit und Abenteuer am Gaumen spüren möchte, der sollte geräucherten Bacon hinzugeben.

Aioli

Köstliche kalte Knoblauchcreme, die rund um das westliche Mittelmeer daheim ist und im Restaurant oft gleich mit Brot auf den Tisch gestellt wird, um den ersten Hunger zu stillen oder den Appetit anzuregen. Erste schriftliche Zeugnisse über das Aioli sind rund 1.000 Jahre alt.

Für das traditionelle Aioli werden Knoblauchzehen in einem Mörser fein zerstoßen. Dabei wird fortlaufend wenig Öl zugerührt, bis eine zähflüssige Creme entsteht. Wichtig: Alle Zutaten sollten Zimmertemperatur haben. Die Kunst dabei ist die feine Dosierung des Öls, damit sich die Zutaten auch schön verbinden. Dann mit einem Spritzer Zitronensaft, Salz und Pfeffer abschmecken.

Mayonnaise

Der Legende nach soll sie ihren Ursprung auf der Baleareninsel Menorca haben und nach der Inselhauptstadt Mahon benannt sein. Dort sei zur Feier des französischen Sieges über die Engländer eine kaltgerührte Sauce kreiert worden, die damals in der französischen Küche noch gänzlich unbekannt war. Es ist ein dickflüssiger Dip auf der Basis von Eigelb, Öl und Zitronensaft – ähnlich wie Aioli, nur ohne Knoblauch. Als „Remoulade" wird eine mit Kräutern und kleingeschnittenem Gemüse verfeinerte Mayonnaise bezeichnet.

Meerrettich-Sahne-Sauce

Sehr erfrischend durch die Schärfe des Meerrettichs und auch gesund. Einen süßen, geschälten und entkernten Apfel und frischen Meerrettich fein reiben, gut durchmischen und ziehen lassen – je länger, desto besser. Vorher noch Zitronensaft dazugeben, damit der Apfel nicht braun wird. Dann mit Salz und Zucker abschmecken und vorsichtig steif geschlagene Sahne unterheben. Diese Sauce kann man über Nacht im Kühlschrank aufbewahren – dann aber vor dem Servieren noch einmal durchrühren.

Tzatziki

Der erfrischende Klassiker aus Griechenland: Stichfester Joghurt wird mit Olivenöl, Zitronensaft, Weinessig, fein geraspelten Gurken und zerdrücktem Knoblauch verrührt. Mit Salz und Pfeffer abschmecken und dann durchziehen lassen. Garniert mit frischer Minze, Dill oder Salatgurke, macht dieser weiße Dip auch optisch was her. Passt hervorragend zu Gyros oder Souvlaki. Dieses Rezept soll schon im antiken Mesopotamien bekannt gewesen sein – und ist heute unter verschiedenen Namen rund um das östliche Mittelmeer verbreitet.

Senfsauce

Die Alternative zum puren Senf aus der Tube: Öl mit Senf verrühren und mit Zucker und Gewürzen nach Lust und Laune abschmecken. Besonders beliebt ist die Version mit fein gehacktem Dill und/oder Honig als Dip zum Fisch.

Guacamole

Ein Avocado-Dip aus der mexikanischen Küche. Die Avocados sollten dafür sehr reif sein. Ihr Fruchtfleisch wird fein zerdrückt und dann sofort mit Zitronen- oder Limettensaft beträufelt, damit es sich nicht bräunlich verfärbt. Gewürzt wird in jedem Fall mit Olivenöl, Salz und Koriander, aber auch nach Belieben mit Pfeffer, Knoblauch, Chilipulver usw.

Mexikanische Salsa

Besteht aus Tomaten-Grundsoße, die dann hübsch scharf gemacht wird. Mit Chilischoten, Zwiebeln, Koriander, Kreuzkümmel, Knoblauch, Cayennepfeffer Salz… Das Ganze gut verrühren oder fein pürieren, je nach Gusto. In jedem Fall aber gut durchziehen lassen. Eine beliebte Variante ist die Mole-Poblano-Sauce, die aus getrockneten Chilischoten, Nüssen, Gewürzen und ungesüßter Schokolade hergestellt wird.

Orientalischer Dip

Das typische Aroma des Orients lässt sich am schnellsten erreichen mit der nordafrikanischen Gewürzpaste Harissa, die aus frischen Chilis, Kreuzkümmel, Koriandersamen, Knoblauch, Salz und Olivenöl besteht. Ist höllisch scharf und sollte zur Vorsicht in Extra-Schälchen gereicht werden.

Minzdip

Gehört in Indien auf jeden Tisch, vor allem wenn „Papadam" – also Linsenfladen – aus dem Tandoori-Ofen serviert werden. Neben Minze kommen Knoblauch und Chilipulver in die Joghurtsauce.

Erdnussbutter

Ist keine Butter drin, streicht sich aber wie Butter, wenn sie richtig gemacht wird. Frische Erdnüsse in der Pfanne rösten und dann mit Erdnussöl klein mixen, bis die Masse sämig wird. Mit Salz und Zucker abschmecken. In Asien ein Muss zu Hühnerspießen und anderem Gegrilltem. Dort wird sie auch gern mit Chili, Ingwer, Kokos- und Sojasoße verfeinert.

Tapenade

Der Olivendip der Provence – eine würzige Paste vor allem aus Oliven, Anchovis oder Sardellen und Kapern. Und so wird's gemacht: Die Oliven entkernen, Fisch und Knoblauch fein hacken. Nach und nach wilde Kräuter der Provence hinzugeben und das Olivenöl langsam dazugeben, bis eine fast cremige Masse entsteht. Und wer Anis mag, gibt noch einen Schuss Pastis dazu.

Pesto

Basilikum, vermengt mit Pinienkernen, angereichert mit Knoblauch und Olivenöl sowie Hartkäse – Parmesan oder Pecorino – das ist die Urform, das „Pesto alla Genovese". Am besten alles mit der Hand im Mörser zerstoßen und nicht im Mixer zerkleinern, damit die Aromen sich voll entfalten können. Pesto geht vermutlich auf eine kräuterhaltige Käsesauce aus dem alten Rom zurück, auf das „Moretum".

Chutney

Die würzige Soße der indischen Küche gibt es in den Geschmacksrichtungen süß-sauer und scharf-pikant. Aber auch in Variationen mit Frucht- oder Gemüsestückchen – mit Mango, Tomaten, Zwiebeln, Knoblauch, Kokos oder Korianderblättern. Dazu kommen Salz, Zucker, Chili, Pfeffer, Ingwer, Kreuzkümmel, Kurkuma, Zitronen- und Tamarindensaft oder Essig. Chutneys werden ähnlich wie Marmelade gekocht oder kalt püriert.

Check-
LISTE

für die gelungene
Grillparty

Die spontanen Grillparties zählen oft zu den schönsten – wenn sie gelingen. Wer auf Nummer sicher gehen will, dass zum richtigen Zeitpunkt die richtigen Gäste anwesend sind, das beste Fleisch und anderes Grillgut sowie ausreichend Getränke zur Verfügung stehen und sich alle Gerätschaften in einem brauchbaren Zustand befinden, der braucht einen Plan. Jeder passionierte Grillmaster hat eine Checkliste – im Kopf oder am Küchenboard. Dann kann nichts schiefgehen.

Im Vorfeld

- ❑ **Termin** festlegen
- ❑ **Wettervorhersage** checken
- ❑ Überlegen, mit wem man gern eine Grillparty feiern will, und die **Gäste einladen**
- ❑ Den **Grillplatz aussuchen**: Wenn es was Besonderes sein soll, evtl. reservieren oder anmieten
- ❑ **Einkaufen:** Grillgut, Getränke, Gewürze etc.
- ❑ **Grillzubehör besorgen**: Grillbriketts, Anzünder etc.
- ❑ Grill und Grillbesteck **checken**
- ❑ **Fleisch** vorbestellen oder einkaufen
- ❑ Am Abend vorher **Fleisch marinieren**
- ❑ **Nachbarn** vorwarnen

Am Grilltag

- ❑ **Wettervorhersage** checken und gegebenenfalls das Grillen absagen
- ❑ **Einkaufen:** Frischfleisch, Würste, Fisch, Gemüse und Brot in der gewünschten Menge
- ❑ **Beleuchtung** organisieren, denn Grillpartys dauern oft bis in die Nacht
- ❑ **Saucen, Dips, haltbare Salate** vorbereiten
- ❑ **Grillplatz** vorbereiten
- ❑ Für **Tische** und **Sitzgelegenheiten** sorgen
- ❑ **Getränke kühlen**
- ❑ **Grill vorbereiten** – damit er schön glänzt
- ❑ **Salate** anrichten und Dressings bereitstellen

Kurz vorher

- ❑ **Holzkohle** in den Grill füllen
- ❑ **Anzünder** und **Grillbesteck** bereitlegen
- ❑ **Gläser, Besteck** etc. herrichten
- ❑ Kurz vor Eintreffen der Gäste den **Grill anwerfen**

Du grillst es doch auch!

Verfasser unbekannt

Der Autor

Foto: © Herlinde Koelbl

Der Münchner **Michael Harles,** Jahrgang 1954,
ist ein Kenner und Genießer kulinarischer Köstlichkeiten und gastronomischer Trends aus aller Welt.
Als Autor, Regisseur und Moderator zahlreicher
Dokumentations- und Unterhaltungssendungen
für den Bayerischen Rundfunk – u. a. der „Schlemmer-
reisen" und der „Wirtshausgeschichten"– ist er bei
einem breiten Fernsehpublikum bekannt und beliebt.
Nach dem Erfolgstitel „Männer, die kochen, sind
unwiderstehlich" erschienen im Coppenrath Verlag
„Nimm dir Zeit, genieß das Leben!" sowie „Das Glück
ist immer nah".

Der Illustrator

Thomas Röhner, 1955 geboren, arbeitete bereits
während seines Zahnmedizinstudiums und seiner
ärztlichen Tätigkeit als freier Illustrator und veröf-
fentlichte zahlreiche Bücher im Coppenrath Verlag.
Im Jahr 2002 schließlich übertrug er seine Praxis
einem Nachfolger und machte das Illustrieren und
Schreiben zum Hauptberuf. Bis heute hat er weit
über 30 Bücher und eine Fülle schöner Produkte für
Kinder und Erwachsene geschaffen. Zusammen mit
seiner Frau lebt und arbeitet er in Hamburg.